Von Buddha berührt

Von Buddha berührt

Das Leben von Ursula Lyon
aufgezeichnet von
Marianne Merbeck-Khouri

JhanaVerlag

Jhana Verlag im Buddha-Haus
Uttenbühl 5, D-87466 Oy-Mittelberg
E-Mail: jhana-verlag@buddha-haus.de
www.buddha-haus.de/jhanaverlag oder www.buddha-haus-shop.de
Die Autorin verzichtet auf ihr Honorar, das als Spende (*dana*)
an den Buddha-Haus Verein geht.

Bibliografische Information der Deutschen Bibliothek
Die Deutsche Bibliothek verzeichnet diese Publikation in der
Deutschen Nationalbibliografie; detaillierte bibliografische Daten
sind im Internet über http://dnb.ddb.de abrufbar.

ISBN 978-3-931274-70-2

3. Auflage 2025

Korrektorat: Traudel Reiß
Lektorat: Bärbel Wildgruber
Umschlaggestaltung: Bettina Lindenberg
Coverfoto: Olivier Adam
Portraitfoto: Dominik Engelmann
Satz und Layout: Claudia Wildgruber
Druck: Druckerei Steinmeier GmbH & Co. KG, Deiningen

Inhaltsverzeichnis

Übungen für den Alltag

Vorwort

Der Zeitpunkt, zu dem diese inspirierende und ermutigende Lebensgeschichte erscheint, könnte aus meiner Sicht nicht besser gewählt sein. Wir feiern nämlich in Österreich zeitgleich mit dem 95. Geburtstag von Ursula Lyon und dem Erscheinen dieses Buches auch das 40-jährige Jubiläum der staatlichen Anerkennung der Buddha-Lehre. Die Verbindung dieser beiden Jubiläen ist nicht zu übersehen. Hat doch Ursula diese letzten 40 Jahre der Entwicklung des Dharma in Österreich ganz wesentlich mit geprägt und nicht nur das, sie war auch schon viele Jahre vor dieser Anerkennung ein wesentlicher Teil dieser Kraft, die überhaupt erst dazu geführt hat, dass es zur staatlichen Anerkennung der buddhistischen Religion in Österreich gekommen ist.

Ich bin mir sicher, dass der Inhalt dieses Buches für viele Menschen sehr anregend und auch hilfreich sein kann. Er zeigt jedenfalls auch sehr deutlich und ohne jede Form von Schnörkel und Übertreibungen, wie die konsequente Praxis eines Lebensweges, der durch die Lehren des historischen Buddha Shakyamuni völlig unaufdringlich geleitet ist, letztendlich zu Glück und Zufriedenheit führt. Aber, und das ist auch das Besondere dabei, es geht am Ende nicht nur um das Glück und die Zufriedenheit eines einzelnen Menschen. Es wird deutlich, dass diese wunderbaren Erfahrungen einer Einzelnen sich gerade deshalb so tief und nachhaltig entfalten können, weil sie mit vielen anderen Menschen geteilt werden.

Dieses Buch erscheint auch in einer Zeit, in der die Herausforderungen des Lebens für die Gesellschaft täglich gravierender werden. In vielen Fällen verdunkeln alternative Fakten oder falsche Wahrnehmungen die Sicht darauf, wie die Dinge wirklich sind. Auch hier leistet dieses Buch einen großen Beitrag. Die Lebensgeschichte von Ursula Lyon regt an zum Nachmachen. Sie dient als Beispiel dafür, wie es gehen kann, durch eigene Praxis Mitgefühl und Weisheit ins eigene Leben zu bringen und damit die Voraussetzung zu schaffen, für andere Menschen Licht zu sein, das auch das eigene Leben zum Strahlen bringt.

In einem Zeitalter, in dem auch viele Gurus vom Sockel stürzen, ist diese Biografie ein Beleg dafür, wie es wirklich gehen kann. Hier wird ein Weg beschrieben, an dessen Ende ein weiblicher Guru (Lehrerin) steht, die unübersehbar das große Strahlen von Mitgefühl und Weisheit in ihr Leben gebracht hat und bis heute immer noch weitergibt und trägt. Möge es noch lange so sein – zum Wohle aller fühlenden Wesen!

Gerhard Weißgrab
Präsident der Österreichischen
Buddhistischen Religionsgesellschaft

Zur Einstimmung

Vor einiger Zeit fragte mich meine liebe Freundin, Marianne Merbeck-Khouri, die jahrelang zu meinen Silvester-Retreats und Seminaren kommt, ob sie meine Lebensgeschichte aufschreiben dürfte. Ich war erstaunt, dass mein Leben für andere interessant oder bedeutsam sein könnte und sagte belustigt ja. Daraus haben sich dann etliche Wienbesuche für Marianne ergeben. In humorvoller Weise hat sie mich über meine Erlebnisse in den verschiedenen Zeitepochen ausgefragt. Ihrer geduldigen und ausdauernden Art und dem gründlichen Nachfragen verdanke ich manche klärende und neue Ansichten über mein früheres Leben. Ihre einfühlenden Bemerkungen bei unseren Gesprächen haben manches über meine frühe Kindheit und Familiensituation ans Licht gebracht.

Die gemeinsame Zeit haben wir genossen, weil wir uns neben unserer „Arbeit" in Wien auch nach vergnüglichen Vorstellungen und Unternehmungen umgeschaut haben. Marianne ging immer auf mein Alter ein, hat mich aber auch recht gefordert, mit ihr, der jüngeren Seniorin, alles mitzumachen. Wir haben viel gelacht und uns kölsche Witze erzählt, um dann wieder ernsthafte Nachforschung zu betreiben.

Bewundernswert war und ist ihre besonnene Art, das, was ich in den recht ungeordneten, spontanen Gesprächen erzählte, durch weiteres Nachfragen zu klären, zu ordnen und in einen Zusammenhang zu bringen. Da ich kein Tagebuch geführt habe, war es oft mühsam, Zeiten und Orte bestimmten Erlebnissen zuzuordnen. Corona und andere Beschwerden haben Marianne nicht davon abgehalten, an unserem Buch weiterzuarbeiten.

Großen Dank zolle ich Dir, liebe Marianne, die Du mir eine Lebenszeit, die ich zugedeckt und vergessen hatte, wieder zugänglich und sichtbar gemacht hast. Mit einem buddhistischen Segen möchte ich Dir Dank sagen.

„Möge es Dir wohl ergehen –
Mögest Du lange und in Frieden leben.“

Ursula Lyon

Ursula und Marianne

Zum Geleit

Ursula Lyon – eine edle Freundin, eine Gelehrte, eine wunderbare Lehrerin

Es ist vier Jahrzehnte her, seit ich sie das erste Mal getroffen habe. Wie schnell vergeht die Zeit! Als ich nach Europa kam, wusste ich nichts über den Westen. Ich hatte weder Mutter noch Vater. Außerdem hatte ich als Mönch keinen Lehrer, um mich beraten zu lassen.

Ursula und Jesse Lyon traf ich fast zufällig. Während meiner Reise von Salzburg nach Wien hatte man Jesse über meine Ankunft in Wien informiert. Ich kannte niemanden von der buddhistischen Gemeinde in Wien. Jesse vereinbarte einen Termin mit mir. Ich hatte den großen Wunsch, das buddhistische Zentrum zu sehen und die Buchhandlung Octopus, die in Wien buddhistische Bücher verkaufte. Dort kam ich mit drei Personen ins Gespräch, unter ihnen eine Frau, die mich durch ihre Freundlichkeit sehr beeindruckte. Bald entstand eine gute Bindung zwischen uns und ich fühlte die Liebe und Barmherzigkeit einer Mutter in ihr.

Es ist schon so lange her, doch immer noch ist Ursula mir sehr nahe und eine treue Freundin. Auch ihr Mann Jesse war die Jahre bis zu seinem Tod ein väterlicher Freund für mich.

Daraus hat sich eine freundschaftliche Verbindung zu der ganzen Familie Lyon ergeben. Auch jetzt noch begrüßen mich Ursulas Tochter Cristina und die Enkelinnen freudig, wenn ich im Rheinland Kurse gebe und in ihrem Meditationsraum „Ruhe und Kraft" in Kreuzau einen Tag unterrichte.

Während meines Lebens in Europa habe ich ganz wenige Menschen getroffen, die wirklich die Lehre Buddhas erkannten, die richtigen Bücher lasen, die grundlegenden Prinzipien des Buddhismus lernten, das Gelernte ergründeten und ein korrektes Verständnis erlangten sowie Kontakt mit hochentwickelten östlichen und westlichen Mönchen und Nonnen aufnahmen und ihre Anweisungen umsetzten. Ursula kann auf hohem Niveau über die Lehre Buddhas sprechen. Sie las die korrekten Übersetzungen der Lehrreden, die die grundlegende Essenz des Buddhismus beschreiben. Sie bemühte sich, den Inhalt dieser Lehrreden zu verstehen und diskutierte mit gebildeten Menschen und Wissenschaftlern. Sie war und ist immer bereit, von hochentwickelten Menschen zu lernen. Wichtige Passagen in Pali-Texten lernte sie auswendig. Sie studierte diese Texte, wie z. B. auch den Dhammapada, in der Absicht, sie gründlich zu verstehen und auf ihre verständliche Art an ihre Schülerinnen und Schüler weiterzugeben.

Ursula ist erst in der Mitte ihres Lebens dem Buddhismus begegnet. Jahrelang kam sie mit Jesse zur Meditation und zu meinen Unterrichtsstunden ins Buddhistische Zentrum am Fleischmarkt und ins Dhammazentrum Nyanaponika zu Pali-Kursen und zu Dhamma-Belehrungen. Sie besuchte Seminare bei angesehenen Laienlehrern, bei Mönchen und Nonnen, um ihr Wissen über das Dhamma zu festigen. Später ging sie auch ins Kanduboda-Meditation-Center in Sri Lanka, um Meditation mit anderen guten Lehrern zu praktizieren und die asiatische monastische Seite des Buddhismus kennen- und schätzen zu lernen. Ihren Yogastil baute sie auf eine sehr geeignete Weise in die Meditation ein und noch heute ist sie eine hoch geschätzte Yoga- und buddhistische Meditationslehrerin, die vielen Menschen mit ihrem Wissen und Rat spirituell zur Seite steht.

Ursula ist eine edle Freundin und sie ist dieses Jahr 95 Jahre alt geworden.

Ursula, ich wünsche dir von ganzem Herzen das Beste.
Mögest du lange und in Frieden leben!

„Dullabho, purisajanno, na so sabbathajayathi –
Gar selten ist ein edler Mensch,
nicht überall wird er geboren."

Bhante Dr. Seelawansa Wijayarajapura Maha Thero
Spiritueller Leiter der Theravada-Schule
der Österreichischen Buddhistischen Religionsgesellschaft

Zur Entstehung des Buches

Januar 2019. Ursula gibt ein Wochenend-Seminar in ihrem Zentrum „Raum für Ruhe und Kraft" in Kreuzau. Sie wird gleich eine Meditation anleiten, in der es darum gehen wird, Kindheitserfahrungen aus einem anderen Blickwinkel zu betrachten. Als sie erwähnt, dass sie als Kind und Jugendliche viel geweint hat, macht es bei mir im Kopf deutlich „klick": Was mag sie in ihrem langen Leben alles erlebt haben? Würde sie es erzählen und dürfte es aufgeschrieben werden? Und vor allem: Wie lange würden wir sie noch fragen können? Ihre Reaktion auf meine vorsichtige Frage: Ach nein, sie halte nichts von einer Biografie, wen interessiere das schon … Als ich ihr deutlich mache, dass ich eine Biografie weder verfassen will noch kann, sondern einfach gern aufzeichnen würde, was sie erzählt, um ein Büchlein daraus zu machen, ist sie einverstanden.

Juli 2019. Ein sonniger Montagmorgen in Wien. „Komm rein, komm rein!" Eine höchst vergnügte Ursula öffnet die Tür. Weit breitet sie ihre Arme aus, mit blitzenden Augen und herzhaftem Lachen. Ja, man sieht, dass sie nicht mehr die Jüngste ist – aber über neunzig? Wie jeden Morgen ist sie um sechs Uhr aufgestanden und hat schon in der Frühe frisches Gemüse eingekauft. Nachdem wir ein wenig hin und her erzählt haben, geht es an die Vorbereitung des Mittagessens.

Beim Kartoffelschälen fällt ihr ein Stück Schale zu Boden und ruck, zuck hat sie sich gebückt, um es aufzuheben. „Ich laufe gerne", meint sie nach der Mittagsruhe, „ich kann nicht den ganzen Tag nur herumsitzen." In der heißen Nachmittagssonne besuchen wir auf dem nahegelegenen Friedhof das Grab ihres Mannes, das mit Hibiskus und Küchenkräutern bepflanzt ist. „Nimm einen Zweig Rosmarin für die Bratkartoffeln morgen mit", sagt sie. Zurück zu Hause schlägt sie vor: „Jetzt wollen wir erst einmal zur Ruhe kommen." Eine Weile sitzen wir in Stille auf unseren Kissen vor dem Bücherregal, in dem kleine Statuen von Buddha, Kuan Yin und Grüner Tara sowie Fotos von ihrer Familie und ihrer verehrten Lehrerin Ayya Khema ihren Platz haben. Dann planen wir den nächsten Tag und essen eine Kleinigkeit zu Abend. Nach diesem langen Tag möchte sie mich noch ein Stück begleiten. Nein, es sei nicht zu viel für sie, abends gehe sie immer gern noch einmal eine Runde. Sie wirkt kein bisschen müde. Die Energie dieser Frau scheint schier unerschöpflich ... Als wir uns am nächsten Morgen an die „Arbeit" setzen, wirkt sie nachdenklich: „Ich glaube, du kommst auf den letzten Drücker. In letzter Zeit vergesse ich immer mehr und ob ich mich nächstes Jahr noch an so viel erinnern kann wie jetzt, weiß ich nicht", sagt sie.

Mein Motto für dieses Projekt: „Einfach machen – könnte gut werden". Auf einen Fragenkatalog verzichte ich, denn, so meine Erfahrung, allein schon ein offenes Ohr ermöglicht Erinnern und erlaubt dem Gegenüber, das auftauchen zu lassen, was erzählt werden möchte. Einmal angezapft, beginnt Ursulas Quelle der Erinnerung höchst lebendig zu sprudeln. Es werden lange Gespräche, meist in ihrem Wohnzimmer, mit dem Handy aufgezeichnet. Manchmal frage ich nach, ohne zu bohren. Viele Erinnerungen werden aber auch bei Spaziergängen oder auf dem Weg zum Einkaufen wach. Da heißt es, schnell die Aufnahme einschalten und Schritt halten mit der rüstigen alten Dame.

Auf jede Wienreise folgt die Niederschrift der Gespräche. Später führt die Auswahl der geeigneten Passagen daraus zu einer Zweiteilung: Im ersten Teil des Buches sind chronologisch die Stationen in Ursulas Leben nachgezeichnet, im zweiten Teil erzählt sie selbst ihre Entwicklung zur buddhistischen Lehrerin und ihr Leben als Buddhistin. Der dritte Teil entsprang dem Wunsch, auch ihre Weggefährten und Weggefährtinnen zu Wort kommen zu lassen und damit das Bild abzurunden.

Von Station zu Station folgen wir nun dem Auf und Ab des Lebensweges der „alten Ursula", wie sie von sich selbst zu sagen pflegt, der sie vor vierzig Jahren nach Wien führte. An die Anfangszeit dort erinnert sie sich deutlich: „Es war damals nicht einfach, sich hier einzuleben. Aber zum Glück gab es die buddhistische Sangha, von ihr fühlte ich mich gut empfangen und darin aufgehoben. Deshalb bin ich hiergeblieben, auch nachdem mein Mann gestorben war." Heute fühlt sie sich teilweise als Österreicherin. Dass sie hier nicht aufgewachsen ist, hört man ihr an. Und wer genau hinhorcht, bemerkt zuweilen einen Zungenschlag, der verrät, aus welcher Gegend sie ursprünglich stammt: „Wenn jemand Kölsch spricht, tut mir das richtig wohl. So haben wir in meiner frühen Kindheit gesprochen. Und da ist sofort ein Lachen in mir, weil das so locker und unbeschwert klingt." Damit sind wir auf dem Weg zurück in die Vergangenheit da angekommen, wo ihr Leben begann.

Marianne Merbeck-Khouri

Teil I

Stationen auf dem Lebensweg

Zeit der Geborgenheit

Ursula Lyon kommt als drittes Kind von Dr. Otto Hülsemann und seiner Frau Gerda, geborene Mumm, am 7. April 1928 in Köln zur Welt. Ihr Bruder Ottokar ist vier Jahre älter als sie, ihre Schwester Lore zwei Jahre. Als Ursula noch sehr klein ist, trennen sich die Eltern, die Ehe wird geschieden. Der Vater bleibt in Köln. Er arbeitet als Assistenzarzt an der Universitätsklinik in der Psychiatrie und nebenher bei einer Bank, um den Unterhalt für die Kinder zahlen zu können.

Mit den drei Kindern zieht die Mutter nach Herkenrath, zu der Zeit noch ein kleines Nest im Bergischen Land. Die Mitbewohner in ihrem schmalen, dunklen Wohnhaus verbreiten eine unfreundliche, kalte Atmosphäre. Die Mutter leidet sehr unter der Trennung. Sie weint oft und wenn Ursula sie weinen sieht, weint sie mit ihr.

Eigentlich ist Ursulas Mutter Gerda eine lebensfrohe Frau, „die alles realistisch in die Hand nahm", wie Ursula sagt. Sie war die Tochter eines Marineoffiziers. Als sie fünfzehn Jahre alt war, starb ihre Mutter und ihr Vater heiratete die Schwester seiner verstorbenen Frau. Die Familie erweiterte sich im Laufe der Jahre um neun weitere Kinder und Gerda als Älteste musste ihre jüngeren Halbgeschwister versorgen. An der bekannten Berliner Lette-Schule lernte sie Hauswirtschaft, sie liebte Musik, spielte Ziehharmonika, sang und tanzte gern.

Die Ausbildung in Hauswirtschaft kommt ihr in Herkenrath sehr zugute. Für den Gemüseanbau pachtet sie ein kleines Stück Land und die Kleidung für die Kinder näht sie selbst. Freundliche Nachbarn, die Kühe und Hühner haben, schenken ihnen manchmal Milch und Eier. Ursula erinnert sich, dass sie die einzigen „Evangelischen" im Ort waren. Im damals tief katholischen Bergischen Land bedeutete das, ausgegrenzt zu werden. „Manche Kinder riefen uns nach: ‚Evangelische Krotten, in Butter gesotten, in Mehl paniert, zum Teufel geführt' (Krott = kölsch: Kind). Wir fanden das nicht schlimm und lachten nur darüber."

Als Ursula fünf Jahre alt ist, zieht die Familie nach Bergisch Gladbach, damit der zehnjährige Bruder Ottokar aufs Gymnasium gehen kann. Lore und Ursula besuchen die Evangelische Mädchenschule. In ihrem Häuschen mit Garten fühlen alle vier sich wohl. Da die Mutter großen Wert auf eine religiöse Erziehung legt, lässt sie ihre bis dahin noch nicht getauften Kinder taufen, geht regelmäßig mit ihnen zum Gottesdienst in die Kirche und spricht vor dem Essen ein Tischgebet mit ihnen. Im Rückblick empfindet Ursula es als wichtig und richtig, dass sie ihnen durch ihre Erziehung klare Regeln und Orientierung mit auf den Weg gab. Die Erinnerungen an ihre Bergisch Gladbacher Kindheit rufen überwiegend fröhliche Bilder in ihr wach: die Laube im sommerlichen Blütenmeer des Gartens, in der sie ihre Schularbeiten machte, die bunten Lampions in den Zweigen, wenn die Mutter zu kleinen Gartenfesten einlud und für ihre Gäste Ziehharmonika spielte. Auch die Ausflüge in das altmodische Schwimmbad, in dem sie schwimmen lernte, die herbstlich duftenden Felder, auf denen nach der Ernte die Garben aufgestellt waren, und das winterliche Rodeln im hohen Schnee sind noch ganz lebendig in ihr.

Ihren Vater in Köln besuchen die Kinder allein. Er hat mittlerweile eine Kollegin, ebenfalls Psychiaterin, geheiratet. Wenn sie mit der Straßenbahn bis zum Heumarkt fahren, wo sie vom Vater und ‚Tante Margarethe', wie sie seine neue Frau nennen, abgeholt werden, fühlt sich Ursula von ihren älteren Geschwistern gut beschützt. Die Sommerferien verbringen die Geschwister bei den Eltern des Vaters in Iburg im Teutoburger Wald. Tante Helene, eine Schwester des Vaters, holt sie in Osnabrück am Bahnhof ab, verwöhnt sie erst einmal mit Kuchen und Kakao und setzt sie dann in den Bus nach Iburg. Dort angekommen, steigen die drei den Urberg zum Haus von Opa und Oma hinauf. Die bereits über siebzigjährigen Großeltern mag Ursula sehr. Dem aktiven, geselligen Opa, der stets mit Stock, Hut und Pfeife unterwegs ist, fallen immer interessante Unternehmungen mit den Kindern ein. Häufig bringt er überraschend Besuch mit nach Hause, mit dem er lebhaft diskutiert. Sicher hat es die Großmutter nicht immer leicht mit ihm: „Die Oma machte im Grunde nur mit. Sie war sehr gescheit, so gescheit, dass sie still blieb beim Großvater – der war ja so ein Böllerkopp." Liebevoll nennt sie Ursula „mein Herzblättchen". Wenn der Vater in den Ferien zu Besuch nach Iburg kommt, beschäftigt er sich intensiv mit den Kindern. Ursula erlebt ihn als sehr warmherzig. In der Familie hingegen ist er Außenseiter: „Er wurde ‚der Mystiker' genannt, weil er still und zurückgezogen war. Er dachte so philosophisch und las immer solche Bücher.“ Die Großeltern und das Haus sollen später ein wichtiger Bezugspunkt für Ursula werden, als sie während des Krieges bei ihnen lebt.

Ihre Eltern hat Ursula nie als Paar erlebt. „Aber als ich vier, fünf Jahre alt war, hatte ich eine schwere Nierenbeckenvereiterung und war in das Krankenhaus gebracht worden, in dem mein Vater arbeitete. Man dachte, ich würde die Krankheit nicht überstehen. Da lag ich in meinem Gitterbett und auf der einen Seite saß mein Vater, auf der anderen meine Mutter. In meiner Erinnerung gaben sie sich über mein Bett hinweg die Hände. Ich sah nur von einem zum anderen und dachte: ‚Komisch, wie gehören die zwei denn zusammen?‘“

Es ist das Jahr 1936, als Ursulas Mutter einen neuen Mann kennenlernt und mit ihm den Plan fasst, nach Abschluss seines Studiums zu heiraten und nach Amerika auszuwandern. Nur drei Jahre darauf, er hat kaum sein Diplom erworben, muss sie wegen plötzlicher Schmerzen im Unterleib ins Krankenhaus. Schon eine Woche später, gerade 38 Jahre alt, stirbt sie. „Vorher war sie fröhlich, war ganz gut beisammen. Sie sagte: ‚Ich lasse mir das nur herausnehmen, dann können wir heiraten.‘ Und dann ging es ganz, ganz schnell. Meine Mutter hat uns drei Kinder an ihr Bett geholt und hat uns gesagt, dass sie sterben muss. Ich habe gar nicht zuhören können vor lauter Weinen. Am nächsten Tag kam der Vater und sagte: ‚Eure Mutter ist tot.‘ – Das war's.“ Dass ihre Mutter vermutlich an den Folgen einer Zöliakie starb, über die man damals wohl kaum etwas wusste, erfährt sie erst viel später.

Für die zehnjährige Ursula ist der Tod der Mutter unbegreiflich. Die Beerdigung erlebt sie wie betäubt: „Wenn da ein ausgegrabenes, grauenhaft schwarzes Loch ist und du stehst davor und es heißt, deine Mutter wird darin versenkt, das geht dir nicht in den Kopf. Ich weiß, dass viele Leute immer wieder meine Hand genommen haben, aber das habe ich nicht wirklich gemerkt. Ich habe nichts mitbekommen, gar nichts. Seit dem Tod meiner Mutter habe ich eigentlich erst einmal nichts mehr richtig wahrgenommen. Auch den Umzug nicht.“

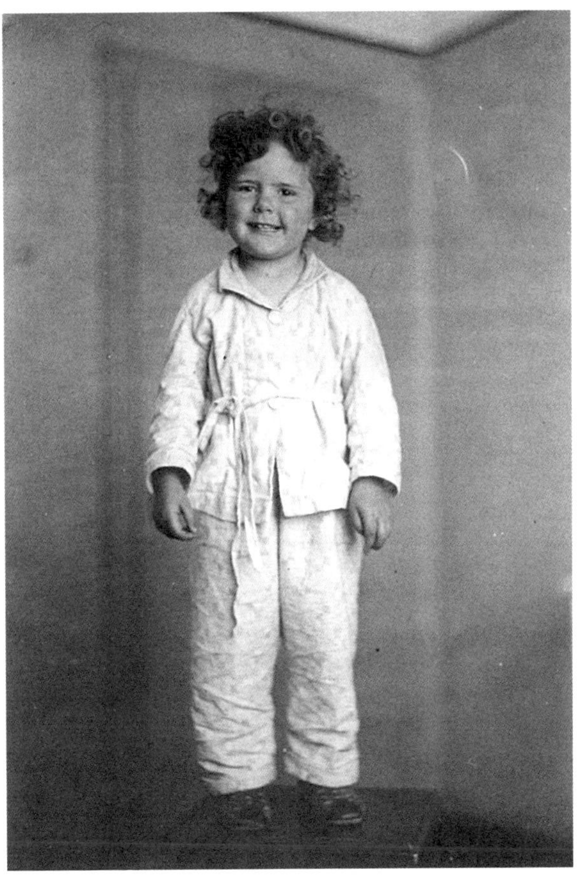

Uschi Lockenkopf, beim Vater in Köln (1931)

Ursula und Lore (1936)

Ursulas Mutter, 37 Jahre alt (1938)

Opa und Oma Hülsemann

Zeit des Einbruchs und des Krieges

Der Vater und seine Frau, „Tante Margarethe", sind inzwischen nach Hamburg gezogen und holen Ursula und ihre Geschwister zu sich. Nach dem einfachen Leben auf dem Land finden sich die Kinder in einem eleganten Haus in einer der vornehmen Gegenden der Stadt wieder. Zu den zwei gemeinsamen Kindern von Vater und Stiefmutter, einem dreijährigen Mädchen und einem ein Jahr alten Jungen, kommt später noch ein Mädchen hinzu. „Tante Margarethe, die wir dann Mutti nannten, hat uns gut aufgenommen. Ich erinnere mich, wenn Besuch zu ihnen kam, sagte sie: ‚Ich habe Glück, dass ich drei so gut erzogene Kinder dazubekommen habe.'" Der Vater leitet die psychiatrische Abteilung im Jugendamt Hamburg, die als Jugendpsychiaterin renommierte Stiefmutter hat ihre Praxis im Haus. Aus ganz Deutschland kommen Eltern mit ihren stotternden oder lernschwachen Kindern, um ihre Hilfe in Anspruch zu nehmen. Als geschäftstüchtige Frau hatte sie bereits in Köln psychisch beeinträchtigte Kinder wohlhabender Eltern in ihr Haus aufgenommen. Auch in Hamburg werden die kleinen Patienten in die Familie integriert und ganz wie eigene Kinder behandelt.

Eine entfernte Verwandte, die die Stiefmutter als Hausdame eingestellt hat, kümmert sich um die Versorgung der Kinder und einen Großteil des Haushalts. „Wir mussten sie mit ‚Fräulein Erika' ansprechen. Sie war sehr streng mit uns und teilte uns für die Mitarbeit im Haushalt ein." Für eine Familie mit so vielen Kindern ist das schöne alte Haus an der Außenalster von der Aufteilung her allerdings ungeeignet. Nur der Älteste, der vierzehnjährige Ottokar, bekommt ein eigenes Zimmer. Die anderen Kinder schlafen im großen Esszimmer, das provisorisch mit Vorhängen unterteilt wird.

Ursula und ihre Geschwister reagieren unterschiedlich auf ihr neues Leben. Ottokar und Lore orientieren sich am Vater und kommen mit dem neuen Leben in der Großstadt gut zurecht. „Zu mir war der Vater lieb", erinnert sich Ursula. Aber sie hat ihre Rolle als Nesthäkchen verloren und vermisst ihre „Mama", die hier vollkommen totgeschwiegen wird. Kein Bild, nichts erinnert in dem Haus an sie und in dieser Atmosphäre scheint es unmöglich, Fragen zu stellen. Oft fühlt sich Ursula verloren und einsam, von der Stiefmutter nicht wahrgenommen, im Vergleich zu den jüngeren Kindern ungerecht behandelt. Wenn sie traurig ist, sich wertlos oder sogar unerwünscht vorkommt, ist ihr einziger Rückzugsort die Toilette, wo sie ungestört weinen kann. Auch nachts weint sie heimlich in die Kissen, während sie nach außen die fröhliche, muntere Uschi spielt.

Im großen Abstand der Jahrzehnte erscheint Ursula heute diese Zeit der Einsamkeit, des Mangels an Geborgenheit und der Zurücksetzung in einem anderen Licht. Es erfüllt sie mit Respekt und Bewunderung, wie ihre Stiefmutter die Kinder ihres Mannes in die Familie aufnahm und für sie sorgte. „Vor allem finde ich es rückblickend bemerkenswert, dass sie, Jahrgang 1898, Medizin studierte, was damals für Frauen ungewöhnlich war, und später als Psychiaterin große Anerkennung genoss."

Dass Poesie und Philosophie zu Ursulas wichtigsten Inspirationsquellen wurden, mag an zwei Lehrerpersönlichkeiten liegen. Gut unterstützt fühlt sie sich im Lerchenfeld-Gymnasium von ihrer Deutsch- und Englischlehrerin Fräulein Dr. Strehle. „Sie mochte mich wohl gern und hat sich um mich gekümmert, richtig aufgebaut. Und ich mochte sie und ihre Art des Unterrichtens so gern." Als Ostpreußin lässt sie ihre Schülerinnen Dichterinnen ihrer Heimat wie Agnes Miegel auswendig lernen. Die Liebe zur Dichtung und eine ausgeprägte Fähigkeit zum Auswendiglernen ist Ursula bis heute erhalten geblieben. Ihr Biologielehrer, Herr Dr. Biernatzki, vermittelt den Mädchen neben Fachkenntnissen die Fähigkeit, die Natur mit offenen Augen und achtsamem Blick zu beobachten und versucht, sie für Philosophie, insbesondere für Immanuel Kant, zu begeistern. Nicht allen Schülerinnen liegt das so wie Ursula, die bereits damals die Dinge gern „philosophisch betrachtet".

Wie auch die anderen zehn- bis vierzehnjährigen Mädchen ist Ursula verpflichtet, an den sogenannten Heimabenden des Jungmädchendienstes teilzunehmen. Indem sie vorgibt, zu Hause gebraucht zu werden, um auf die kleineren Geschwister aufzupassen, versucht sie, sich so oft es nur geht, davor zu drücken. Wenn die Kinder in der Aula der Schule versammelt werden, um Hitlers Reden anzuhören, bekommt sie „Hustenanfälle" und wird des Raumes verwiesen. Im Rahmen der Kinderlandverschickung kommt Ursula um das Jahr 1942 nach Bayern. Morgens beim Appell müssen die Kinder auf dem Hof zum Hissen der Fahnen Nazilieder singen. Zu Hause wird über Politik nicht gesprochen. Das Thema Krieg hingegen ist allgegenwärtig. Ottokar ist gerade achtzehn Jahre alt, als er 1942 eingezogen wird – „zu Schaufel und Gewehr, wie es damals hieß". Das kurz bevorstehende Abitur bekommt er zu diesem Zweck geschenkt und schon ein halbes Jahr später wird er als Soldat nach Russland geschickt. Sein letztes Lebenszeichen erreicht die Familie mit der Feldpost, als die Truppe auf dem Rückzug aus Russland ist. Nie hat irgendwer seither von ihm gehört, er gilt als vermisst. Lange ist Ursula fest davon überzeugt, dass er wiederkommen würde. „Vermisst heißt ja, er ist vielleicht in Gefangenschaft irgendwo oder er hat sich retten können und lebt jetzt in einem anderen Land. Das konnte ja sein! Er war erst 21 Jahre alt." Jahrzehnte später gestaltet Tochter Cristina eine Gedenktafel für Ursulas früh verstorbene Mutter und Ottokar. „Dass ein Mensch so einfach weg ist und es nirgendwo mehr ein Zeichen von ihm gibt, fand ich doch zu schlimm." Auch zwei Vettern, an denen Ursula sehr hing, kommen im Krieg um. Ursula ist gerade mit ihrer Tante im Garten, als ein Bote die Nachricht vom Tod ihres zweiten Sohnes überbringt. „Den Aufschrei habe ich nie vergessen." Trotz Lebensmittelmarken wird das Essen knapp, niemand wird mehr richtig satt. Das gestrenge Fräulein Erika verlässt die Familie, um auf den Bauernhof zurückzukehren, von dem sie stammt, weil sie sich dort eine bessere Versorgung erhofft. Als die Bombardierung Hamburgs sich verschärft, wird Ursula zu den Großeltern nach Bad Iburg geschickt, wo sie die drei Jahre bis zum Kriegsende verbringt.

„Man muss im Leben so tüchtig arbeiten, dass man mit fünfzig genug Geld hat, um sich zur Ruhe zu setzen." Nach diesem Motto lebt der Großvater Robert Hülsemann, Kaufmann von Beruf. Auf dem Urberg, oberhalb von Iburg, hatte er ein von Wald und einem großen Garten umgebenes Haus erworben. „Urmolle“ nannte er den gemütlichen, „molligen“ Rückzugsort. Zu den Honoratioren des Ortes pflegt er regen Kontakt und beteiligt sich ideenreich an der Entwicklung des „Fleckens Iburg“, wie es damals noch heißt. Später wird sogar eine Straße nach ihm benannt. Bei den Großeltern kann Ursula sich wieder sicher und geborgen fühlen. „Iburg war meine eigentliche Heimat. Nicht Hamburg und auch nicht Herkenrath oder Bergisch Gladbach, wo ich ganz früh mit meiner leiblichen Mutter gelebt habe. Da war meine Mutter der Bezugspunkt, aber nicht der Ort. Mein Heimatort war Iburg, Urmolle oben auf dem Berg. Es war ein ganz großartiger Ort.“

In Iburg selbst ist es während des Krieges ruhig. Aber in Osnabrück, wo sie das Gymnasium besucht, erlebt sie Alarmsirenen, Bombenangriffe und die Schutzsuche im Bunker: „Von Iburg nach Osnabrück zur Schule fuhr normalerweise ein Bus, er brauchte 45 Minuten. Dieser Bus wurde eingestellt, weil er ständig von Tieffliegern beschossen wurde. Da kamen die Engländer mit den Stukas (Sturzkampfflugzeuge). Die Stukas sausten runter, schossen, schossen, schossen. Die Leute auf der Straße, alles wurde beschossen – und dann gingen sie steil wieder hoch. Das war der Krieg. Alles wurde beschossen, ganz gleich, wer da ging, Frauen, Kinder, auch der Bus. Also fuhren keine Busse mehr. Wir sind dann mit den Fahrrädern gefahren. So wichtig war uns die Schule! Wir sind 17 Kilometer mit den Fahrrädern hingefahren, über zwei Berge, dann waren wir in der Schule. Wir waren eine ganze Gruppe, die alle aus Iburg kamen, und haben versucht, wegzukommen, wenn es Voralarm gab. Auf die Räder, schnell, dass wir noch über den ersten Berg kamen, bevor der Hauptalarm losging. Erst im Tal waren wir sicher vor den Bomben, wenn die Stadtgrenze hinter uns lag. Wir haben wie verrückt in die Pedale getreten, natürlich hörten wir schon die Flugzeuge, aber die Bomben noch nicht. Kommen wir noch über den Berg rüber? Dann kamen die gefährlichen Stukas von den Engländern. Wenn sie nur die Fahrräder sahen, sssssss kamen sie runter. Stuka! Wir rasten und wir warfen uns in die Gräben, mit den Fahrrädern. Alles mit in den Graben, weg, damit keiner mehr auf der Straße zu sehen war!" Einmal können Ursula und eine Freundin sich nur knapp vor einem Bombenangriff in einen Keller retten. Die Gefahr, verschüttet zu werden, ist groß. Ursula hilft sich, indem sie unentwegt Zeilen aus „Der Tor und der Tod" von Hugo von Hofmannsthal wiederholt: „‚Ich bin nicht schauerlich, bin kein Gerippe! Aus des Dionysos, der Venus Sippe, ein großer Gott der Liebe (im Original: der Seele) steht vor dir.' Diese Worte habe ich mir da unten im Keller immer wieder gesagt." Dabei denkt sie an ihre verstorbene Mutter. Dann werden auch die jüngeren Halbgeschwister zu den Großeltern geschickt. Der alten Großmutter ist es nach Ansicht der Eltern nicht zuzumuten, die Kinder zu versorgen. Um sie zu entlasten, soll Ursula ganz zu Hause bleiben und sich um ihre kleinen Geschwister kümmern. Die Eltern melden sie von der Schule ab. Als gute Schülerin, so meinen sie, würde Ursula den Unterrichtsstoff später leicht aufholen können.

Nach Kriegsende kehrt Ursula nach Hamburg zurück. Die Familie war in der Zwischenzeit in eine größere Wohnung gezogen, in der jeder mehr Platz hatte. Aber in zwei der Zimmer wird nun eine ausgebombte vierköpfige Familie einquartiert, die „nicht aus dem feinsten Milieu" stammt. Zum ersten Mal erlebt sie mit, wie Eheleute sich anschreien und sich gegenseitig üble Schimpfwörter an den Kopf werfen. Nach einem Jahr Unterbrechung besucht Ursula wieder die Schule. Entgegen den Erwartungen ihrer Eltern hat sie auf dem Emilie-Wüstenfeld-Gymnasium beim Aufholen des Lernstoffs mit Schwierigkeiten zu kämpfen. Hinzu kommt das Hungern, das sich tief in Ursulas Gedächtnis eingeprägt hat: „Das Ende des Krieges war körperlich und auch psychisch für mich schwieriger als der Krieg. Nichts ging mehr. Alles nur Elend, Elend, Elend. Nichts zu essen, nicht wissen, was man anfängt – das war elender als der Krieg. Ich habe so gehungert, ich konnte gar nicht mehr denken. Ich hatte richtig Hungerödeme. Das war ganz schlimm."

Das Abitur legt Ursula 1947 ab, allerdings mit mittelmäßigen Noten. Sie würde gern Medizin studieren, um Kinderärztin zu werden, aber mit dem schwachen Abitur kommt das nicht in Frage, zumal bei der Vergabe von Studienplätzen die aus dem Krieg zurückkehrenden Soldaten vorgezogen werden. Ihre Eltern drängen sie zu einer Ausbildung als Krankenschwester. Ihr bleibt nichts anderes übrig, als dem Wunsch ihrer Eltern zu entsprechen. Während der dreijährigen Ausbildung wohnt und lebt sie im Evangelischen Krankenhaus Osnabrück. Deutlich zeigt sich ihre Begabung für die theoretische Seite des Berufs. Die Praxis liegt ihr weniger: „Ich war gut darin, mit den Menschen zu reden und sie zu beruhigen. Aber vor Blutabnahmen habe ich mich gescheut und in all den rein praktischen Dingen war ich ungeschickt". Aufgrund ihrer Begabung würde das Krankenhaus sie gern nach Abschluss der Ausbildung als Lehrschwester behalten.

Aber es kommt anders. Der Großvater erkrankt schwer und

die bereits über achtzig Jahre alte Großmutter kann ihn nicht pflegen. Auch die Gemeindeschwester schafft es nicht mehr, zur häuslichen Pflege auf den Berg hinauf zu kommen. Vater und Stiefmutter beknien Ursula, die Pflege zu übernehmen. „Dabei war ich schlecht für meinen Großvater, denn es ging ja wieder um das Praktische, was mir nicht lag. Die Gemeindeschwester war viel besser darin als ich." Doch wie hätte sie sich dem Wunsch der Eltern widersetzen können? Ursula hing sehr an ihrem Großvater und litt darunter, dass sie ihn nicht so gut versorgen konnte, wie sie es gern getan und wie er es gebraucht hätte. Rückblickend meint sie: „Ich hätte sagen sollen: Ich kann das nicht." Als der Großvater schließlich stirbt, geht für sie ein Stück Heimat verloren.

Zurück in Hamburg beginnt Ursula eine Ausbildung in Massage und Heilgymnastik. „Ich wollte frei sein und nicht wieder als Krankenschwester im Krankenhaus arbeiten. Ich wusste ja, dass das nicht meine Stärke war." In dieser Zeit reift eine lang gehegte Vorstellung zu einem festen Plan heran: Sie will ins Ausland, möglichst weit weg. In der Schule hatte sie Spanisch gelernt und ihr Ziel ist Südamerika. Wie aber soll sie ihren Plan verwirklichen? Ihr Geld verdient sie mit Nachtwachen. Dabei lernt sie eine Frau kennen, die ihr erzählt, dass ein befreundetes wohlhabendes Ehepaar aus Brasilien zu Besuch käme, er Deutscher, sie Brasilianerin. Sie suchten ein Kindermädchen, das auf ihrer ersten Nachkriegsreise durch Europa die beiden kleinen Töchter betreuen solle. Das könnte die Gelegenheit sein, denkt sie, meldet sich bei ihnen und begleitet die Familie auf ihren Reisen. Als die Rückkehr der Familie nach Brasilien näher rückt, wird Ursula gefragt, ob sie für zwei Jahre mitkommen möchte, um die Kinder weiterhin zu betreuen. „Da war's geschehen. Auf diese Weise hatte ich die Möglichkeit, zwar nicht in ein Spanisch sprechendes Land zu kommen, aber immerhin nach Südamerika!"

Ursula, Lore und Ottokar, Bellevue, Hamburg (1939)

Stiefmutter und Vater (1940)

Ottokars letzter Fronturlaub (1944)

Haus Urmolle, Iburg

Ursula im Abiturkleid (1946)

Ursula mit dem Vater, Schwesternausbildung Osnabrück (1947)

Zeit des Entdeckens

Im Herbst 1952 reist Ursula mit der deutsch-brasilianischen Familie in der ersten Klasse des Luxusschiffes MS Augustus von Genua nach Santos. „Da machte ich meine ersten Erfahrungen mit reichen Leuten und den Rollen in der Gesellschaft", erzählt sie lachend. „Ich war ja noch sehr jung und wurde von jungen Männern hofiert, solange ich allein herumging. Sobald ich aber mit den Kindern auftrat, wurde ich niedriger eingestuft. Da war ich eine Bedienstete. Ich war nicht gekleidet wie ein Kindermädchen, aber man sah, dass ich auf die Kinder aufpassen musste. Die jungen Männer guckten zwar, aber mit einem Kindermädchen wollten sie nichts Ernstes anfangen."

Anders im deutschen Yachtclub in São Paulo, in den die Kinder und Ursula mitgenommen werden. Viele deutsche Einwanderer wollen keine Brasilianerin heiraten, sondern sind auf der Suche nach einer deutschen Frau. „Ich bekam viele Angebote. Der eine war Apotheker, der andere Kaufmann ... und irgendwann war auch Jesse da, der hat sich am meisten bemüht." Ursula verliebt sich in ihn. Er ist sechzehn Jahre älter als sie.

Dr. Jesse Lyon war mit seinen Eltern – einer Berlinerin und einem Amerikaner mit österreichischer Staatsangehörigkeit – in Wien aufgewachsen und wie Ursula hatte auch er seine

Kindheit als schwierig erlebt. Im Krieg hatte er als Soldat in Russland ein Auge verloren. Drei Kinder gingen aus seiner ersten Ehe in jungen Jahren hervor. Er ist promovierter Jurist. Mit seiner zweiten Ehefrau und dem gemeinsamen Kind wanderte er nach dem Krieg nach Argentinien aus, konnte aber dort nicht arbeiten. Sein Vater, von Beruf Trabrennfahrer und Trainer, hatte ihn schon als Jugendlichen zum Sulky-Fahrer und Trainer ausgebildet. Als Jesse von der Trabrennbahn Vila Guilherme in São Paulo hörte, wollte er dort sein Glück versuchen und ließ Frau und Sohn in Argentinien zurück. Bei den Rennen ist er sehr erfolgreich und verdient so viel Geld, wie es ihm als Jurist nie möglich wäre.

Jesses Bildung und Klugheit haben es Ursula angetan. Sie teilen ihre Leidenschaft für Philosophie und philosophische Gespräche und führen endlose Diskussionen. Zwar ist ihr klar, dass er noch verheiratet ist, aber als er ihr versichert, die Beziehung sei beendet, glaubt sie ihm und lässt sich ganz auf ihn ein. Er hilft ihr dabei, die Familie, mit der sie gekommen war, noch vor Ablauf der vereinbarten zwei Jahre zu verlassen und sie zieht zu ihm. Allerdings ist seine Beziehung zu Frau und Sohn keineswegs geklärt. Ursula spürt deutlich, dass er zwischen ihr und seiner Familie in Argentinien hin- und hergerissen ist, unfähig, eine Entscheidung zu treffen. Sie leidet und als es ihr schließlich zu viel wird, verlässt sie Jesse und kehrt 1954 zu ihren Eltern nach Hamburg zurück. Als Aushilfe in einer Krankengymnastik- und einer Massagepraxis verdient sie „ganz gut". Aber sie ist unglücklich. Nirgends fühlt sie sich mehr zugehörig. Zu allem kommt der plötzliche Herztod ihrer jüngsten, gerade vierzehn Jahre alten Halbschwester Bärbel. Die beiden hatten sich sehr gemocht.

In den Briefen, die Jesse ihr ein Jahr später schreibt, bittet er sie inständig, zu ihm zurückzukehren. Die Reise will er ihr bezahlen. Er versichert ihr, dass die endgültige Trennung von seiner Frau bevorsteht. „Und ich in meiner Gutgläubigkeit bin wieder drei Wochen mit dem Schiff über den Atlantik nach Brasilien gereist." Dort aber muss sie feststellen, dass während ihrer Abwesenheit Jesses Frau und Sohn aus Argentinien gekommen sind und er wieder mit ihnen zusammenlebt. Für Ursula hat er ein Apartment besorgt. Das akzeptiert Ursula nicht, sie trennt sich wieder von ihm und sucht sich ein einfaches Quartier in der Innenstadt, um unterzutauchen. Nie will sie Jesse wiedersehen.

Während ihres ersten Brasilienaufenthaltes zur staatlich anerkannten Masseurin ausgebildet, findet sie Arbeit im renommierten Institut für Physiotherapie WK (Walter Krökel). „Allein zurechtzukommen war hart, aber es war gut für mich. Ich habe gemerkt, ich kann auch in São Paulo allein bestehen." Um Portugiesisch zu lernen, besucht sie Kurse an der Berlitz School. „Und irgendjemand, der Jesse kannte, muss ihm gesagt haben, dass ich da war. Eines Tages stand er plötzlich vor mir und versicherte, dass seine Frau nach Österreich zurückgegangen wäre." Verschmitzt fügt sie hinzu: „Ja, und dann – dann war natürlich doch wieder die Zuneigung da und wir sind zusammengezogen." Endlich lässt Jesse sich scheiden und die beiden heiraten. Für Ursula ist es der Beginn einer glücklichen Zeit. Jesses breitgefächertes Wissen bewundert sie zutiefst. „Wenn man etwas ansprach, wusste er sofort Bescheid. Das habe ich sehr genossen. Er hat so gut denken können, das mochte ich gern. Und wir hatten eine herzliche Liebesbeziehung."

Jesse hatte sich vom Christentum abgewandt und war auf der Suche nach neuen spirituellen Wegen zum Buddhismus gekommen. Begeistert erzählt er davon und steckt Ursula an. Auch sie hadert mit ihrem Glauben. „Ich hatte einen Gottglauben, aber einen eingeschränkten Christusglauben. In dem Punkt war ich nicht ganz klar und nicht einverstanden. Auch mit der Erlösungstheorie war ich nicht einverstanden. Deshalb war ich durchaus bereit, mir das alles von ihm anzuhören. Wir lasen gemeinsam Bücher wie ‚Das Glasperlenspiel' und ‚Siddharta' von Hesse, auch die Bücher von Alexandra David-Néel über Tibet. Da haben wir uns schon in diese Richtung bewegt."

Ihre erste Tochter Susanna wird 1959 geboren. „Als ich schwanger war, war ich glücklich. Einen Arzt hatte ich nicht, ich dachte, schwanger zu sein ist normal, was brauche ich da einen Arzt. In Brasilien sind die Hebammen sehr gut ausgebildet. Ab Mitte der Schwangerschaft fuhr meine Nachbarin Finni jeden Monat mit mir zur „maternidade" (Entbindungsstation) in São Paulo, wo ich eine sehr gute Hebamme gefunden hatte. Ich hatte mit Susi eine ganz leichte Geburt. Das kleine Mädchen im Arm zu halten, war ein wunderschönes Gefühl. Und es war schön zu sehen, wie Jesse seine Tochter begrüßte. Das Neugeborene empfand ich wie ein Wunder – so zart, ich habe mich kaum getraut, es anzufassen." Im Jahr darauf kommt Tochter Cristina zur Welt. Auch diese Geburt erlebt Ursula als leicht. „Jetzt konnte ich schon besser mit einem Baby umgehen als beim ersten Mal, da musste Jesse mir noch beim Baden und Wickeln helfen." Da Jesse bei den Rennen weiterhin viel verdient, kann die Familie ein Haus auf einer Anhöhe im Stadtviertel Tremembé mieten, mit Blick auf São Paulo und einem Garten, der an ein Naturschutzgebiet angrenzt. Morgens in aller Frühe fährt Jesse zur Trabrennbahn, um zu trainieren. Da die Rennen erst spät abends stattfinden, können sie den Tag für gemeinsame Unternehmungen nutzen. Für die Betreuung der Kinder und die Erledigung der Hausarbeit wird die warmherzige Luzia engagiert, eine Brasilianerin mit afrikanischen Wurzeln. Sie ist zehn Jahre älter als Ursula, ihre eigenen Kinder sind bereits erwachsen. Liebevoll sorgt sie für Susanna und Cristina als ihre „mãe preta" (schwarze Mutter), wie sie sich selbst bezeichnet. Die beiden Mädchen lieben sie sehr und Ursula weiß sie bei Luzia gut aufgehoben, wenn Jesse allein mit ihr wegfahren will. „Es war eine leichte und schöne Zeit."

Zu Beginn der 1960er Jahre nimmt ihr Leben eine dramatische Wendung. Als Jesse sich weigert, sich bei den Rennen an der Geschäftemacherei durch Wettmanipulationen und andere Betrügereien zu beteiligen, nimmt man ihm das sehr übel, was ihm zum Verhängnis wird. Beim Training fährt ein Fahrer in einem angeblich unvermeidlichen Ausweichmanöver Jesse ins Rad, sein Pferd läuft weiter, er wird am Boden mitgeschleift und verletzt. „Aber das war kein Unglücksfall. Sie haben ihn richtiggehend hinauskatapultiert."

Wenig später beschließt Jesse, den Trabrennsport aufzugeben, und eröffnet ein Restaurant. Die Bekannten, die er als Mitarbeiter einstellt, erweisen sich allerdings als Gauner, die ihn nach Strich und Faden betrügen und bestehlen. Durch enormen Arbeitseinsatz versucht Jesse, die Verluste wettzumachen, aber schon ein halbes Jahr später ist er finanziell, körperlich und nervlich am Ende. Ursula arbeitet inzwischen als Masseurin in der Stadt, um das Geld für den Lebensunterhalt der Familie zu verdienen. Sie schlägt Jesse vor, in Deutschland

Arbeit zu suchen. Er ist bereits über fünfzig und findet nichts Passendes. Nach drei Monaten kehrt er entmutigt aus Deutschland zurück. Da es aber auch in Brasilien an Perspektiven mangelt, beschließen sie 1964, endgültig nach Deutschland zurückzukehren, um dort ihr Leben neu aufzubauen. Als der Tag der Abreise naht, bittet Luzia darum, mit den Kindern zum Fotografen gehen zu dürfen, um ein gemeinsames Foto machen zu lassen. Der Abschied von Brasilien fällt ihnen allen nicht leicht, besonders traurig ist es für Susanna und Cristina, die ihre „mãe preta" zurücklassen müssen.

Es folgt eine schwierige Zeit. Für den Übergang nehmen Ursulas Eltern in Hamburg die Familie in ihr Haus auf, wo sie sich zu viert ein großes Zimmer teilen. Endlich findet Jesse dank seiner vielfältigen Sprachkenntnisse eine Stelle als Übersetzer im Bundessprachenamt, das sich damals noch in Mannheim befindet.

Ursula, Äquatortaufe (1952)

Jesse, Torre de Banco do Brasil, São Paulo (1953)

Ursula, Bootsfahrt zur Ilha Bella (1953)

Jesse beim Training (1956)

Ursula auf dem Balkon ihres Hauses (1957)

Ursula mit Susanna und Cristina (1961)

Luzia und die Mädchen, Abschiedsfoto (1963)

Zeit neuer Möglichkeiten

In Viernheim, nicht weit von Mannheim, bezieht die Familie 1965 ein Häuschen mit Garten. In der kleinen Stadt „ging alles noch ganz geregelt zu, alles war übersichtlich und schön.“ Hier finden die beiden Mädchen in der Schule bald Freundinnen und die Familie fühlt sich wohl. Ursula kann damals bereits auf verschiedenste berufliche Grundlagen zurückgreifen. Als ausgebildete Krankenschwester und Physiotherapeutin hatte sie fundiertes Wissen erworben, sie hatte sich intensiv mit der Methode der schmerzlosen Geburt nach Grantly Dick-Read beschäftigt und ihre Erfahrungen mit tiefer Atmung und Entspannung während der Geburten ihrer Kinder hatten ihr Interesse und ihre Freude an natürlichen Heilmethoden geweckt. „Aber ich wollte nicht nur Ruhe und Atem. Ich wollte auch Bewegung, denn ich war ja immer auch ein Bewegungsmensch.“ Bereits in Brasilien war sie zum Yoga gekommen und hatte in São Paulo Unterricht bei Herrn Matsumoto, einem Japaner, der Yoga nach Indra Devi lehrte, der bekannten Lehrerin in den USA.

Bei einem Schüler von J. H. Schulz lässt sie sich nun zusätzlich in Autogenem Training ausbilden. Als Krankenschwester und Masseurin hat sie die Berechtigung, diese Entspannungsmethode anzuleiten und bietet Kurse in der Volkshochschule an. Als Prof. Dr. Ekkehard Crisand, Leiter des Umschulungszentrums Südwest in Viernheim, sie in diesem Rahmen kennenlernt, tritt er mit der Bitte an sie heran, bei ihm einen Kurs in Autogenem Training durchzuführen. Diese Chance ergreift sie ohne Zögern. In ihren Unterricht flicht sie kleine Yogaübungen im Stehen ein, die bei den Schülern gut ankommen.

Durch Professor Crisand erfährt sie vielfältige Förderung und Unterstützung. Er nimmt sie zur Technischen Universität Mannheim/Ludwigshafen und zum Chemiekonzern BASF mit, wo sie einen Wochenendkurs Autogenes Training gibt. Über die Situation, wie sie den jungen Akademikern gegenüberstand, muss sie heute herzlich lachen: „Also, wenn ich daran noch denke! Die jungen Männer saßen da und rauchten, die Beine hochgelegt, halb auf dem Tisch, die Kaffeetasse daneben … Und dann kommt da so eine Frau, an die fünfzig Jahre, und will uns etwas beibringen. Die ist nicht einmal Akademikerin! Sie haben mich ein bisschen belächelt."

Aber Ursula ist gut vorbereitet und es gelingt ihr, die Aufmerksamkeit der jungen Leute zu gewinnen. „Ich muss Professor Crisand sehr dankbar sein, dass er mich anregte, bei den Studenten Autogenes Training zu unterrichten. Dadurch verlor ich meine Beklemmungen Akademikern gegenüber. Als Nichtakademikerin hatte ich immer Bedenken, dass sie mich nicht ernst nähmen." Auf seine Anregung hin nimmt sie auch an einer Balint-Gruppe und einer Weiterbildung in TZI (Themenzentrierte Interaktion) teil. Jahre später schreibt sie in seinem Auftrag einen Artikel über Autogenes Training und Meditation, den er unter dem Titel „Anti-Stress-Training" in den Arbeitsheften für Führungspsychologie veröffentlicht.

All diese Erfahrungen ermutigen Ursula, ihren Weg immer selbstbewusster zu gehen. Sie entwickelt ihre Fähigkeiten in der theoretischen wie praktischen Vermittlung von Themen, von denen sie fest überzeugt ist, obwohl sie noch fast unbekannt sind. Wann immer es ihr möglich ist, bildet sie sich im Yoga weiter. Unter ihren Lehrern ist der aus Indien stammende berühmte Selvarajan Yesudian, der damals Yogaschulen in der Schweiz betreibt. Sie lernt den Sivananda-Yoga kennen und bei dem belgischen Wegbereiter des Yoga im Westen, André Van Lysebeth, wird sie mit Chakra-Übungen vertraut. Ihre Yoga-Ausbildung ist schließlich derart fundiert, dass ihre Freundinnen vorschlagen, einen Volkshochschulkurs zu geben. Lachend erinnert sie sich an ihren ersten Versuch gegen Ende der 1960er Jahre, Yoga anzubieten „Ich ging zu dem Leiter der Volkshochschule in Mannheim und als ich ihm erklärte, dass ich Yoga unterrichten wollte, bekam ich zur Antwort: ‚So etwas Exotisches machen wir hier nicht.' Damit war ich abserviert." Aber sie lässt sich nicht entmutigen und bietet einer anderen Volkshochschule „Entspannungsgymnastik" an. Das wird prompt genehmigt. Als Yoga in der Folgezeit zunehmend populärer wird, kann sie offiziell Yoga unterrichten und ihre Kurse sind gut besucht. Yoga-Ausbildungszentren entwickeln sich in Deutschland erst später. Im Zentrum von Ilse Hopfner am Ammersee legt Ursula 1977 die Prüfung zur Yogalehrerin ab.

In Mannheim besuchen Ursula und Jesse 1972 einen Vortrag von Lama Anagarika Govinda, der als Lehrmönch durch Asien gereist war. Ursula ist begeistert, wie er von seinen Erfahrungen in buddhistischen Ländern berichtet. Bei der Veranstaltung liegt eine Schrift aus, in der angekündigt wird, dass im niederösterreichen Scheibbs ein buddhistisches Zentrum aufgebaut werden soll. Es werden Interessierte gesucht, die beim Aufbau mithelfen wollen, und Jesse trägt sich in die Liste ein. Nach diesem Erlebnis nehmen Ursula und Jesse an Meditationskursen eines Schülers von Lama Govinda teil. „Bei ihm habe ich zum ersten Mal am Boden gesessen und meditiert. Die Meditation bestand in der Rezitation von *om mani padme hum.*"

In ihre Viernheimer Zeit fällt eine außergewöhnliche Erfahrung, die in Ursulas Leben einen wichtigen Stellenwert einnimmt: „Ich glaube, es ist ganz interessant, wie ich einmal zu einem Geistheiler kam." Seit ihrer Kindheit hatte sie immer wieder Nierenbeckenbeschwerden. 1968 musste die rechte Niere entfernt werden. Der Chirurg wollte gleich auch den Stein in der anderen Niere entfernen, was der Nephrologe aber ablehnte, weil es zu riskant war. „So war die Lage – der eine Arzt sagte, sie wird an dem Stein sterben, der andere Arzt sagte, wenn Sie das operieren, stirbt sie erst recht. Ich würde also auf jeden Fall zugrunde gehen." Jesse ist sehr besorgt. Als er von einer Gruppenreise zum Geistheiler Tony Agpaoa in Manila auf den Philippinen hört, meldet er Ursula dort an. Es hieß, er sei in der Lage, krankes Gewebe aus dem Körper der Hilfesuchenden ohne jeglichen Schnitt zu entfernen. Äußerst skeptisch lässt sich Ursula darauf ein. Ein Fernsehteam aus Deutschland reist mit der Gruppe, um die vorgebliche Geistheilung als Schwindel zu entlarven. Was Ursula erlebt, versetzt sie in Staunen. „Tony strich erst über meinen Bauch und dann spürte ich etwas, als ob ein Finger tief hineinginge, dahin, wo die Niere ist. Das war ganz verrückt. Ich hatte wirklich das Gefühl, der geht mit dem Finger zur linken Niere! Er hat keinen Stein herausgeholt, nur ein paarmal dahin gegriffen und dann mit den Händen über die Stelle gewischt. Es war nichts zu sehen, richtig unheimlich. Niemand sah irgendein Instrument in seiner Hand, kein Zaubermittel, nichts." Man kann Tony Agpaoa keinen Betrug nachweisen.

Nach der Reise ist Ursula mehr als ein Jahr ohne Beschwerden. Dann hat sie plötzlich Schmerzen. Der dicke Stein ist aus dem Nierenkelch herausgesprungen und kann jetzt ohne Gefahr herausoperiert werden. Ursula ist überrascht und berührt zugleich. Bei aller Skepsis bleibt ihr das Gefühl, dass ihr Heilkraft von einer anderen Ebene zu Hilfe gekommen ist.

Als das Bundessprachenamt 1972 von Mannheim nach Hürth in der Nähe von Köln verlegt wird, muss die Familie umziehen. Der Ort am Rande des rheinischen Braunkohleabbaugebiets ist noch im Aufbau und mit seinen halbfertigen Häusern und dem überall herumliegenden Schutt ziemlich ungemütlich. Nicht weit von ihrem Wohnhaus stehen die riesigen Bagger für den Braunkohleabbau. „Uns allen hat es dort nicht gefallen. Aber in Hürth haben wir als Familie die längste Zeit gelebt." In der neu eröffneten Praxis von Dr. Kleinstoll findet Ursula stundenweise Arbeit als Physiotherapeutin und kann dank der Aufgeschlossenheit dieses Arztes hier die Fußreflexzonenmassage einbringen, die sie in einer Weiterbildung bei Hanne Marquardt, der namhaftesten Expertin für diese neue Methode, lernte. Auch in einem Brühler Seniorenheim ist Ursula als Physiotherapeutin beschäftigt. An den Abenden leitet sie Yogakurse an den Volkshochschulen in Brühl und Köln. „In diesen Jahren kamen sehr interessierte Leute zu meinen Kursen. So lief alles recht gut. Susanna war inzwischen in der Ausbildung zur Physiotherapeutin in Essen, Cristina machte eine Ausbildung zur Masseurin. Aber für meinen Mann war es sehr schwer, solange er noch arbeiten musste." Bis Jesse in Rente gehen kann, dauert es noch acht Jahre, danach will er auf jeden Fall fortziehen. Mit seiner Arbeit im Bundessprachenamt ist er nicht glücklich. Er vermisst die Freiheit, die er bei der Arbeit mit den Pferden auf dem Rennplatz hatte, vor allem aber fühlt er sich mit seinen Fähigkeiten nicht anerkannt. Zunehmend leidet er unter Stimmungsschwankungen, hat oft Migräne, entwickelt Depressionen. Das ist auch für Ursula und die Töchter belastend.

Mit der Eröffnung des Buddhistischen Zentrums Scheibbs im Jahr 1977 nimmt ihr Leben eine neuerliche bedeutende Wende.

Wandern mit Omi, Ursulas Schwiegermutter (1968)

Ursula und Cristina in Weinheim (1968)

Ursula mit Susanna und Cristina (1973)

Zeit des Aufbruchs

In Scheibbs findet Ursula ihre geistige Heimat. Bereits vor Jesses Pensionierung fahren die beiden mehrere Male pro Jahr zu den zehntägigen Retreats in das niederösterreichische Buddhistische Zentrum. Junge Wiener Buddhisten – Männer und Frauen – hatten zusammengefunden, um eine Hausgemeinschaft zu gründen. Nach Ursulas Erinnerung waren es Paul Köppler, Robert Kribala, Franz Ritter und der Buchhändler Erich Skrleta, die 1975 für relativ wenig Geld ein baufälliges Gebäude in Scheibbs erworben hatten. Die jungen Leute machten sich selbst an die Renovierung. „Wir haben alle mitgeholfen, ganz besonders der Zen-Meister Genro Koudela, der auch seine Schüler zur Mitarbeit schickte." Das Haus entwickelte sich zu einem wichtigen Seminarzentrum im deutschsprachigen Raum, in dem von Anfang an Retreats und Kurse von Lehrern und Lehrerinnen verschiedener buddhistischer Traditionen angeboten und auch andere spirituelle Richtungen vorgestellt wurden.

In den Anfängen organisieren die Teilnehmer während der Retreats alles selbst. Täglich hilft jeder eine Stunde bei der Arbeit im Haus, auch das Essen bereiten sie selbst zu. „Zwei junge Männer meinten, vegetarisch kochen sei doch leicht. Sie haben einfach Möhren und Bohnen oder sonstiges Gemüse in den

Topf gegeben, gekocht und wir haben es gegessen. Es war ein neues Erlebnis, dieses ganz einfache Leben ohne große Regeln."

Es muss in dieser Zeit sein – Ursula ist Ende vierzig –, dass sie von wiederkehrenden Träumen heimgesucht wird: „Es ging darum, dass ich mein Kind vergessen hatte. Im Traum suchte ich es überall in den Schränken, in den hintersten Ecken. Nächtelang suchte ich und spürte großen Druck und Unruhe. Ich musste es finden! Die Unruhe hielt sogar während des Tages an." Während einer Meditation im Retreat wird Ursula bewusst, dass sie etwas wie ein inneres Kind gesucht hatte, etwas zutiefst Innerliches, das gefunden werden wollte. „Danach hörten die Träume auf. Ich wurde endlich ruhig und hatte das Gefühl: Es ist gut. Und bei allem Auf und Ab, das mein Leben weiterhin bestimmte, spürte ich irgendwann tief in mir meinen innersten Kern, von dem eine große Kraft ausging, spürte, dass mich nichts und niemand zerstören kann. Ich fand eine innere Sicherheit, das Gefühl, dass mich das Leben von meinem Inneren her trägt."

Als Jesse 1980 in den Ruhestand geht, widmet er sich vermehrt dem Studium des Buddhismus. Er liest viel und übersetzt buddhistische Texte aus dem Englischen. Immer wieder zwischendurch fährt er nach Wien zu den buddhistischen Freunden. Eines Tages eröffnet er Ursula, dass er endgültig nach Wien will. „Ich merkte, dass ihm der Buddhismus sehr am Herzen lag und sein Leben bereicherte. Vielleicht wollte er auch nach Wien zurück, weil er gute Erinnerungen an sein früheres Leben dort hatte." Noch im selben Jahr geht Jesse zunächst allein nach Wien, Ursula folgt ihm zwei Jahre später. Von Wien aus fahren beide weiterhin regelmäßig nach Scheibbs.

Von 1977 bis 1982 ist Christopher Titmuss ihr Meditationslehrer, dessen „here and now“ zu einem wichtigen Element in Ursulas Leben wird. Bei den von dem Arzt Dr. Sigdell angeleiteten nicht-hypnotischen Rückführungen in frühere Leben, etwa im Jahr 1983, erlebt Ursula, wo und wie sie in früheren Zeiten lebte und starb. Sie lernt, selbst Rückführungen anzuleiten und begleitet viele Menschen auf ihrem Weg in die Vergangenheit. Ob es stimmt, was man bei einer Rückführung erlebt, scheint ihr nicht so bedeutsam wie das, was die Menschen dabei für sich herausfinden: „Oft erlebten sie in den Rückführungen Schwierigkeiten, die im aktuellen Leben eine Rolle spielten. Das half ihnen, manche Dinge in ihrem Leben besser zu verstehen.“ Bei Norman Rosenberg, einem US-amerikanischen Lehrer, macht Ursula eine Ausbildung in Reiki, das damals im Trend liegt. Sie kennt das Handauflegen, aber an Reiki gefällt ihr, dass es eine strukturierte Methode ist. Auch bei Ruth Denison aus Amerika nimmt sie an Vipassana-Retreats teil und lernt ihre Art zu unterrichten schätzen. Als Ursula hier 1985 zum ersten Mal bei Ayya Khema einen Meditationskurs belegt, ist sie von ihrer Ausstrahlung tief beeindruckt und fährt von da an mehrmals im Jahr zu ihren Retreats. Ayya Khema wird zu ihrer wichtigsten Lehrerin.

1989 übernimmt Mathias Köhl die Leitung des Zentrums. Ein paar Jahre lang ist Ursula Vorsitzende des „Vereins der Freunde des Buddhistischen Kultur- und Meditationszentrums Scheibbs“. „Zu Scheibbs habe ich eine ganz enge Beziehung. Da ist die Familie Köhl inbegriffen, mit der mich eine tiefe Freundschaft verbindet. Scheibbs ist meine geistige Heimat, das kann ich nicht anders sagen.“

Buddhistisches Zentrum Scheibbs

Ursula in Scheibbs

Zeit des Aufbaus

Anfang der 1980er Jahre gilt der Buddhismus in Österreich noch als Sekte. Die Buddhisten ringen um staatliche Anerkennung und gründen 1983 die Österreichische Buddhistische Religionsgesellschaft (ÖBR) als Dachorganisation, in der sich die Gruppen der verschiedenen buddhistischen Traditionen zusammenfinden. Zur staatlichen Anerkennung der ÖBR tragen die Bemühungen von Dr. Walter Karwath und Jesse entscheidend bei. Dr. Karwath wird ihr erster Präsident.

In Wien gibt es bereits das Buddhistische Zentrum, das 1980 vom Dannebergplatz zum Fleischmarkt umgezogen war. Gruppen verschiedener buddhistischer Traditionen teilen sich noch heute die Räume der ersten Etage: Theravada, Zen und die tibetische Karma-Kagyü-Gruppe. „So konnten wir uns in allen Traditionen umschauen. Zum Beispiel habe ich eine Einführung in die Zen-Praxis bei dem Zenmeister Genro Koudela mitgemacht und bei den Tibetern eine Phowa-Übung über mehrere Tage. Und wenn bedeutende Lamas uns im Zentrum besuchten, konnten wir alle an ihren Belehrungen teilnehmen." Ursula möchte im Zentrum Yoga unterrichten. Das wird allerdings von allen Gruppen mit der Begründung, sie verträten „eine geistige Richtung" und praktizierten „nichts Körperliches", geschlossen abgelehnt. Zwischen Meditation als spiritueller und Yoga als körperlicher Praxis wird damals noch strikt getrennt. „Aber der Buddha beachtet durchaus das Körperliche. Er meint natürlich nicht reine Körperübungen, sondern dass man sehr achtsam auf seinen Körper sein soll. Yoga kann das mit Wahrnehmung und Konzentration absolut unterstützen." Es war Jon Kabat-Zinn, der Ende der 1970er Jahre in den USA mit MBSR (Mindfullness-based Stress Reduction oder Achtsamkeitsbasierte Stressreduktion) Meditation und Yoga miteinander verband. Wie in ihrer Viernheimer Zeit lässt Ursula sich von der ablehnenden Haltung nicht entmutigen. Sie wendet sich an Dr. Karwath, den sie als aufgeschlossenen Menschen kennt. Mit dem Argument, dass es ihr um „einen besonders achtsamen Yoga gehe, bei dem die Übungen ganz langsam, voll bewusst und in Verbindung mit dem Atem ausgeführt würden", kann sie ihn für sich gewinnen. Seitdem bietet sie im Buddhistischen Zentrum Yoga an.

Jesse übernimmt im Buddhistischen Zentrum die Aufgaben des Sekretärs. „Das war genau der Posten, auf dem er seine vielen Fähigkeiten einsetzen konnte." Er beantwortet Anfragen in verschiedenen Sprachen, organisiert Veranstaltungen und empfängt Besucher. Darüber hinaus übersetzt er buddhistische Schriften und einzelne Sutras aus dem Englischen. „Dafür hat ihn sogar der berühmte Mönch Nyanaponika Mahathera in Sri Lanka gelobt." Auch nur auf Englisch verfügbare Vorträge und das Buch „Lebensleiter" des Australiers Leonard Bullen überträgt er ins Deutsche.

Bei Dr. Karwath erfährt Ursula viel über den Buddhismus und die unterschiedlichen Traditionen. Er hatte in Asien gelebt und ist sehr belesen. Seine Vorträge im großen Zendo des Buddhistischen Zentrums sind gut besucht – er verpflichtet seine Patienten zur Teilnahme, denn nach seiner Überzeugung ist zur körperlichen Gesundung eine geistige Ausrichtung notwendig. Ein beliebter Treffpunkt für Buddhisten und am Buddhismus Interessierte ist damals die Buchhandlung „Octopus", die Erich Skrleta mit seiner Frau Doris Mitte der 1970er Jahre gegründet hatte. Neben buddhistischen Büchern gibt es dort Klangschalen, Räucherwerk und rituelle Gegenstände, die Einrichtung mit Sitzgelegenheiten und Kissen lädt zum Verweilen ein. Erich und Doris organisieren Diskussionen, Lesungen und buddhistische Feste.

Eines Tages trifft Jesse einen Mönch in orangefarbener Robe auf der Straße und spricht ihn an. Bhikkhu (Mönch) Seelawansa hatte in Sri Lanka Sanskrit und Pali studiert, Englisch und Deutsch gelernt und war Lehrer an einer buddhistischen Schule gewesen. 1982 war er nach Österreich gekommen, um dort weiter Publizistik, Kommunikationswissenschaften und Germanistik zu studieren, zunächst in Salzburg, dann in Wien, und es mit der Promotion abzuschließen. „Jesse brachte ihn ins Buddhistische Zentrum am Fleischmarkt mit. Der Leiter der Theravada-Schule, Bhikkhu Hemaloka Mahathera, war ein Jahr zuvor gestorben, sodass unsere Gruppe fast ein Jahr lang allein weiter übte. Wir waren froh, mit Bhikkhu Seelawansa einen neuen spirituellen Leiter für die Theravada-Schule zu bekommen. Er ist es bis heute." Zwischen Jesse und dem Mönch entwickelt sich eine Art Vater-Sohn-Beziehung. Bhante (Herr oder Ehrwürdiger) Dr. Seelawansa Wijayarajapura Maha Thero, wie der Mönch mit vollem Namen heißt, gründet 1994 das Dhammazentrum Nyanaponika in Wien.

Das Jahr 1982 macht den Buddhismus in Wien weithin sichtbar. Japanische Mönche, die durch die ganze Welt reisen, um Pagoden als Zeichen gegen den Atomkrieg zu errichten, kommen auch nach Wien. Die Idee der Friedenspagoden stammt von dem japanischen Mönch Nichidatsu Fuji. Der von ihm gegründete Orden fußt auf dem Nichiren-Buddhismus. Die Mönche dieses Ordens ziehen mit Friedensmärschen von Land zu Land, schlagen ihre Handtrommeln und rezitieren *nam myoho renge kyo*, die japanische Form des Lotus-Sutra. Wo immer sie Platz zugeteilt bekommen, errichten sie ihre Mahnmale. Elisabeth Lindmayer, Besitzerin eines Fischrestaurants und große Unterstützerin des Buddhismus, stellt ihnen ein Stück Land an der Donau zur Verfügung und Jesse, geschickt im Umgang mit Ämtern und Behörden, erwirkt die Baugenehmigung. Ursulas Tochter Cristina, die zu der Zeit in Wien Malerei studiert, arbeitet beim Bau mit und macht eine wichtige Erfahrung: „Sie bemerkte, wie die Mönche die Steine beschlugen, einen nach dem anderen, ganz langsam, und sagte sich: ‚Das geht doch auch schneller!' Nach einer Stunde schmerzte ihr Rücken. Einer der Mönche, der mit der Schiebkarre an ihr vorbeiging, sagte: ‚Be slow. Think that every stone is a Buddha. Be good to the Buddha. – Arbeite langsam. Denke, dass jeder Stein ein Buddha ist. Sei gut zum Buddha.' Cristina verstand, dass sie jeden Stein bewusst, geradezu ehrfürchtig bearbeiten sollte, nicht zuletzt weil es um ein spirituelles Bauwerk ging. Als sie es mit ‚be slow' versuchte, waren die Rückenschmerzen verflogen."

Bei der feierlichen Einweihung der Pagode im Jahr 1983 ist der fast hundertjährige Mönch Nichidatsu Fuji selbst anwesend. Der Hauptmönch der Pagode, Reverend Masunaga, bleibt als ihr Hüter und Leiter in Wien. Neben der Pagode erbaut er zusammen mit anderen Mönchen einen Tempel.

Noch heute werden dort die großen buddhistischen Feste gefeiert und am Jahrestag des Abwurfs der Atombomben auf Hiroshima und Nagasaki wird eine buddhistische Gedenk- und Friedensfeier abgehalten.

Auch der Dalai Lama kommt in diesen Jahren zu Vorträgen nach Wien und nach Scheibbs. „Einmal nahm er an einer Gedenkfeier an der Pagode teil und hielt eine schöne Rede. Damals imponierte mir besonders, dass er mit den Worten schloss: ‚Ich hoffe, dass ich die Wahrheit gesagt habe.' Das hatte ich noch von keinem spirituellen Lehrer gehört. Das ist groß."

Ursula bei einem Fest an der Pagode (1980er Jahre)

Einweihung der Pagode, in der Mitte der fast 100-jährige Nichidatsu Fuji (1983)

Friedenspagode an der Donau

Delegation der ÖBR in Bangkok (1994)

Ursula und Rev. Masunaga an der Pagode (2022)

Zeit des Wandels

Der Wunsch, einmal Abstand von allem zu gewinnen, möglichst weit weg, führt Ursula 1984 nach Colombo. In der Ehe ist es schwierig und sie will eine Zeit lang in einem buddhistischen Kloster leben, um zu sich zu kommen. Bhante Seelawansa schlägt ihr vor, nach Sri Lanka zu gehen. Im „Buddhist Information Center“ fragt sie nach einem Kloster, in dem sie Unterricht in Meditation nehmen könnte. Sie ist froh, dass sich jemand findet, der sie auf der Busfahrt zum Meditationszentrum Kloster Kanduboda begleitet, in dem westliche Besucher willkommen sind. Auch Einheimische kommen zum Meditieren ins Kloster. Frauen und Männer sind strikt getrennt in Gemeinschaftsräumen untergebracht. Die „westerners“ dagegen haben eine einfache kleine Zelle für sich. Auf dem Zettel an der Wand in ihrer Zelle findet Ursula einen „Willkommensgruß“ mit den Worten: „Don't expect anything. – Erwarte nichts.“ Der Tagesablauf ist durch die Meditationszeiten geregelt. Mehrmals am Tag sitzen die Besucherinnen aus dem Westen zusammen mit den Singhalesinnen in der großen Meditationshalle. Ansonsten meditiert jede für sich in ihrer Zelle, jeweils eine Stunde Sitz- und Gehmeditation im Wechsel. Der Weg für die Gehmeditation beeindruckt Ursula tief: „Das war ein Sandweg unter Kokospalmen, ein schmales Oval. Am einen Ende kam man zu einem kleinen Holzhaus, hinter dessen Glasscheibe ein menschliches Skelett zu sehen war. Wenn man weiterging, gelangte man am Ende zu einem Grabstein. Man ging also von der einen Seite zur anderen immer wieder auf den Tod zu.“ Ursula erinnert sich gut, was ihr damals durch den Kopf ging: „Von Ende zu Ende, von Tod zu Tod, ja – aber ich lebe. Und dann sah ich über mir die großen Kokosnüsse in den Palmen – was, wenn mir eine auf den Kopf fiele? Das machte mich nachdenklich.“

Als Lehrer bekommt Ursula einen Mönch zugewiesen, einen jungen Amerikaner mit Namen Sunita. Der Mönch unterrichtet sie in der Acht-Punkte-Meditation, bei der sie sich tagein, tagaus nacheinander auf dieselben acht Punkte des Körpers konzentrieren muss. Diese körperorientierte Meditationsform liegt ihr und hilft ihr, sich zu sammeln. Zwischendurch aber wird sie von ihren Gefühlen eingeholt. Sie vermisst Jesse, mit dem sie gern wie sonst über ihre Erlebnisse und Erfahrungen gesprochen hätte. Dieser Austausch fehlt ihr und sie weint immer wieder, auch während der Meditation. Eines Tages sagt Sunita zu ihr – damals gab es noch die Kassettenrecorder: „You are always playing the same tape. Give a stop to it! – Du spielst immer dieselbe Kassette ab. Halt sie an!“ Dieses Bild leuchtet ihr ein und es gelingt ihr, Sunitas Rat umzusetzen. „Das gab mir Freiheit.“ Der Abt des Klosters, Bhante Pemasiri Mahathera, hält regelmäßig Lehrvorträge in singhalesischer Sprache, die eine Betreuerin auf Englisch übersetzt. Seine Art zu lehren empfindet sie als liebevoll und achtsam. Was ihr beim Verstehen hilft, sind seine Zeichnungen. „Auf ein großes Papier zeichnete er zum Beispiel einen Kopf von der Seite mit dem Auge. Ins Gehirn zeichnete er verschiedene Sinnesbegriffe: sehen, hören, schmecken, fernsehen, essen – alles, was in Gedanken abläuft. Das Auge war vergittert, es konnte also nicht klar sehen. Auf einem zweiten Bild war das Gehirn frei und das Auge offen. Mit Strahlen davor veranschaulichte er, wie klar der Geist sein kann, wenn die Meditation ihn von den Gedanken befreit. Ich war gerne dort und habe viel von ihm gelernt."

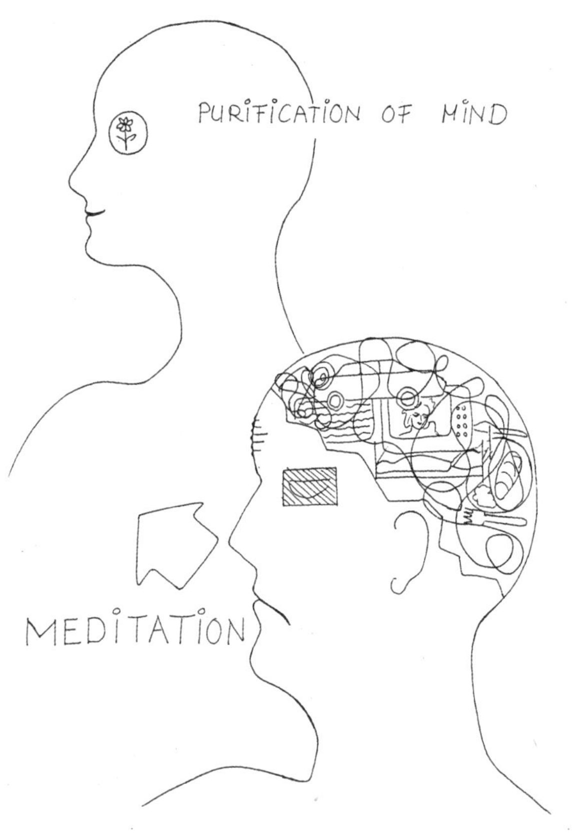

Zeichnung von Ursula nach Abt Pemasiri

Während Ursulas Aufenthalt im Kloster kommt auch Bhante Seelawansa, der Mönch aus Wien, und schlägt eine Rundreise durch Sri Lanka vor, um verschiedene Klöster zu besuchen. Ein besonderes Erlebnis auf dieser Reise ist für Ursula die Begegnung mit dem damals 82-jährigen Mönch und Gelehrten Nyanaponika Mahathera, den sie im Meditationszentrum „Forest Hermitage" in der Nähe von Kandy aufsuchen. Auch nimmt Bhante Seelawansa sie zu seiner Familie mit. „Ich fühle mich Bhante sehr verbunden, weil ich seine Familie kennenlernen durfte." Bei der Rückkehr ins Kloster findet Ursula Briefe von Jesse vor, in denen er sie bittet zurückzukommen. Sie braucht noch eine Weile, bis sie sich dazu bereit fühlt, dann kehrt sie nach Wien zurück. Etwa drei Monate hat sie im Kloster verbracht.

Ursula bei der Gehmeditation im Kloster Kanduboda, Sri Lanka

Zeit des Umbruchs

In den Jahren, die Ursulas Aufenthalt im Kloster folgen, verändert sich die Form ihres Zusammenlebens mit Jesse. Er ist Mitte siebzig und wird sich seines Alters bewusst. Mehr und mehr zieht er sich zurück, um klassische Musik zu hören und zu lesen, im Buddhistischen Zentrum gibt er seine Arbeit zunehmend an andere ab. Sich nicht mehr so aktiv beteiligen zu können, fällt ihm schwer. Ursula hingegen setzt sich aktiver im Buddhistischen Zentrum ein. Sie gibt mehr Kurse und engagiert sich für die Organisation von Veranstaltungen. Die Veränderung in ihrer Beziehung erinnert Ursula an eine Bilderserie, die sie in Sri Lanka sah: „Auf dem ersten Bild geht der Mann als Familienoberhaupt seiner Frau und den Kindern aufrecht, bewusst führend den Weg voran. Auf dem zweiten Bild sind die Kinder größer, die Frau hat den Kopf gehoben, sie und ihr Mann gehen nebeneinander her. Auf dem dritten Bild schreitet die Frau aufrecht vorneweg, der Mann hinter ihr. So ähnlich entwickelte sich auch unsere Ehe."

Am 5. Mai 1990 stirbt Jesse durch einen Unfall. Er wird in der Nähe ihrer Wohnung von einem Auto überfahren. Ursula weiß, dass für ihn das Sterben ein befreiender Gedanke war: „Es tröstete ihn, dass er in einer Wiedergeburt den buddhistischen Weg würde weitergehen können." Die Abschiedsfeier am Sarg gestaltet der Mönch Bhante Seelawansa mit buddhistischen Ritualen, in die alle, die gekommen sind – Familienmitglieder und die vielen Freundinnen und Freunde aus dem privaten und dem buddhistischen Kreis – eingebunden werden. „Jessica, unser zweijähriges Enkelkind, tanzte in ihrem weißen Kleidchen fröhlich auf dem freien Platz in der Mitte. Es war ein wehmütig-heiterer Abschied. Als die Urne zwei Wochen später auf dem Friedhof Wien West begraben wurde, haben wir zusammen mit Nachbarn und Bekannten den Weg zum Urnengrab entlang und rings um das Grab Räucherstäbchen in die Erde gesteckt und Blütenblätter von oben auf das Grab rieseln lassen. Diese buddhistischen Rituale als Sinnbilder von Leben und Sterben haben den Abschied leichter gemacht.“ Später wird ein weißer Marmorstein in Pagodenform mit dem buddhistischen Segensspruch „Mögen alle Wesen glücklich sein“ aufgestellt.

Jesses plötzlicher Tod ist ein Schock für Ursula. Der Austausch mit ihm, die Gespräche, die sie in den gemeinsamen achtunddreißig Jahren immer geführt hatten, fehlen ihr. „Da war plötzlich ein Vakuum. Ich hatte immer einen Widerhall gehabt, jetzt gab es keinen mehr. Trotz aller Schwierigkeiten hatten wir immer zu unserer Liebe zurückgefunden.“ In der Zeit nach Jesses Tod kümmern sich die Töchter sehr um sie und helfen ihr, nach und nach mit allem allein zurechtzukommen. Nachdem die erste schwere Zeit überwunden ist, spürt sie wieder mehr Sicherheit. „Es kam ein Zeitpunkt, an dem ich dachte: ‚Jetzt kann ich doch all das verwirklichen, was ich gelernt habe, alles, was ich kann und was ich will.‘ Vieles, was sie in ihrem Leben bis dahin beschäftigte und band, löst sich auf. Ihre Töchter gehen längst ihre eigenen Wege, ihre Eltern leben nicht mehr und ihre Halbgeschwister sind in der Welt verstreut. Mit ihrer geliebten Schwester Lore trifft sie sich regelmäßig jedes Jahr zu gemeinsamen Unternehmungen. „Ich fühlte mich frei, meine Ideen in Unterricht und Seminaren umzusetzen. So bin ich vollends in den Buddhismus und in die Seminararbeit eingestiegen. Richtig eingestiegen."

Ursula ist Anfang sechzig. Weiterhin nimmt sie an den Retreats von Ayya Khema teil, von der sie begierig lernt, und unterstützt sie als Assistentin in ihren Meditationskursen.

Im August 1997, während eines großen Seminars in Scheibbs, das Ursula zusammen mit ihrer Kollegin Erika Erber durchführt, erreicht sie die Nachricht, dass ihre Schwester Lore im Sterben liegt. Ursula fliegt sofort nach Hamburg und kann bei Lore im Hafenkrankenhaus Altona im Zimmer bleiben, denn das zweite Bett ist nicht belegt. „So hatte ich Gelegenheit, mich von Lore zu verabschieden. Ihre beste Freundin Cilli Salis war auch da und wir führten ganz wunderbare Gespräche miteinander. Am Vorabend ihres Todes bat Lore mich, mit ihr zusammen das ‚Vaterunser' zu beten. In der Kindheit hatten wir drei Kinder – Lore, Ottokar und ich – es mit unserer Mutter und sonntags in der Kirche gebetet. Heimatliche, kindliche Empfindungen stiegen in mir auf und das Gefühl einer engen Verbindung mit meinem geliebten Lorchen." In einem Brief, den Lore einer ihrer Freundinnen diktiert hatte, um sich von allen Freunden zu verabschieden, hatte sie geschrieben: „‚Ich gehe jetzt hinüber und denke, es wird gar nicht so schwer.' Aber einen Tag vor ihrem Tod hat sie sich das Schreiben noch einmal zurückgeben lassen und diesen Satz korrigiert: ‚Das stimmt nicht. Ich muss jetzt ganz ehrlich sein – es ist schwerer, als ich dachte.'"

Als Lore stirbt, sind Ursula, ihre Halbschwester Eveline und die gemeinsame Freundin Cilli bei ihr. „Zum Übergang sangen wir ‚Dona nobis pacem' und auf Lores Gesicht entstand ein bezaubernd schönes Lächeln und ein Ausdruck von Frieden. Lore hat mir gezeigt, wie Liebe bis zu Ende friedvoll und schön in das andere Land führen kann." Nach Lores Tod lebt niemand mehr, mit dem Ursula sich über ihre gemeinsame Zeit mit ihrer leiblichen Mutter und Bruder Ottokar austauschen kann. Sie hat das Gefühl, „als hätte eine Tür sich endgültig geschlossen".

Wenige Monate später stirbt auch ihre Lehrerin Ayya Khema, nicht lange, nachdem sie ihr letztes Meditationsseminar zum Thema „Mystik ist kein Mysterium" im Kloster Niederaltaich in Niederbayern hielt, bei dem Ursula wieder als Assistentin mitwirkte. Obwohl schon sehr schwach und von ihrer Krankheit gezeichnet, beeindruckt sie Ursula tief: „Ihre Vorträge waren klar und eindrucksvoll wie immer. Sie hatte nichts von ihrer Ausstrahlung eingebüßt." Von ihrem Tod erfährt Ursula in Wien. Innerlich hatte sie sich schon im September von ihr verabschiedet, meint sie rückblickend. Wie Ayya Khema nach ihrem letzten Vortrag aufstand, um den Raum zu verlassen, ist ihr noch klar vor Augen. „Es waren sofort Helfer an ihrer Seite und dieses Bild, wie sie, von beiden Seiten gestützt, leicht schwankend fortging, berührte mich so tief, dass mir die Tränen kamen. In diesem Augenblick wusste ich, dass ich meine so sehr geschätzte, selbstbewusste, kraftvolle Lehrerin nie wiedersehen würde. Es war der Abschied für immer."

Ursula empfindet den Tod dieser beiden Menschen, die ihr sehr nahestanden, als großen Verlust. „Dankbarkeit und

Freude erfüllen mich immer noch, wenn ich an Lores Dasein mit ihrer Liebesfülle und an die verehrte Ayya Khema mit ihrem vielseitigen, klaren Wissen und ihren kreativen, schönen ‚Metta-Sätzen' denke. Sie hat mir das Wissen, die Kraft und die Mittel gegeben, diese heilsamen buddhistischen Werte weiterzuverbreiten. Dieses große Erbe fordert mich ständig zum Erforschen und Praktizieren der Lehre auf und zum Unterrichten in lebensnaher Form. In dem Jahr sind zwei für mich wichtige, ganz wichtige Frauen gegangen. Beide sind Vorbilder für mich."

Im Rückblick auf die Stationen ihres Lebens mit nun 95 Jahren staunt Ursula, dass sie bis zum damaligen Zeitpunkt alles in ihrem Leben, in dem es „wie Wellen auf und ab ging", so gut überstanden hat. Die Berührung mit der Lehre des Buddha gab ihrem Leben die entscheidende Wendung: „Damit bekam mein Leben eine neue Richtung und ein Ziel. Was ich bis dahin erlebt hatte, konnte ich nun ablegen und hinter mir lassen."

Im Vorgriff auf den zweiten Teil des Buches, in dem Ursula selbst über ihre Entwicklung zur vielgefragten Dhammalehrerin *) erzählt, sei an dieser Stelle kurz zusammengefasst, wie sie in den folgenden Jahrzehnten – mehr als einem Vierteljahrhundert – bis heute ihre Energie unermüdlich dafür einsetzt, die Lehre des Buddha, die ihr so viel bedeutet, zu verbreiten, und zwar auf eine Weise, dass die Menschen sie im Alltag umsetzen können. In ihren wöchentlichen Kursen in Wien, in Vorträgen und Seminaren in Österreich und Deutschland, in Ferienseminaren in Griechenland, Spanien und in der Türkei unterrichtet Ursula Yoga, Meditation und die buddhistische Lehre. In den letzten Jahren bekommt sie dabei für die Körperarbeit Unterstützung durch erfahrene Yogalehrerinnen wie Angelika Neumann aus Berlin. Oft unterstützen sie dabei auch ihre Töchter und eine Enkelin mit ihren Kenntnissen in Yoga, Pilates oder MBSR (Stressbewältigung durch Achtsamkeit).

Neben ihren Kursen und Seminaren erforscht Ursula immer wieder neu buddhistische Themen, die sie für sich entdeckt, und verbringt viel Zeit am Computer, um sie für ihren Unterricht aufzubereiten. Daraus entstehen Arbeitsblätter, Broschüren und Material für ihre Gruppen wie auch für die Bücher, die sie verfasst. Ursula schreibt ihre E-Mails selbst und verschickt regelmäßig ihren Newsletter namens „Wegbegleiter“ mit Unterweisungen zu immer neuen Themen. Glücklicherweise hat sie Helfer und Helferinnen, die ihr bei technischen Problemen zur Seite stehen, auch bei der Betreu-

---

*) *Dhamma* ist das Pali-Wort für Sanskrit *dharma*, das die Lehre des Buddha bezeichnet. In diesem Buch wird ausschließlich das Pali-Wort verwendet.

ung ihrer Webseite „Sampada – Der umfassende Weg". Ursula spricht im österreichischen Fernsehen und gibt Interviews im Rundfunk. Sie veröffentlicht CDs mit geleiteten Meditationen und ihren selbst geschriebenen Liedern sowie DVDs mit Yogaübungen. In Videoclips wird sie interviewt und erzählt als „Buddha Oma" aus ihrem Leben.

Eines ihrer vielen Projekte war der Aufbau eines eigenen kleinen Zentrums für Seminare. Den Herzenswunsch erfüllte sie sich zusammen mit ihrer Tochter Cristina in Kreuzau bei Düren. Der helle Meditationsraum mit Teeküche wurde im Januar 2016 als „Raum für Ruhe und Kraft" feierlich eingeweiht. Mehrmals im Jahr kommt Ursula, um zusammen mit Cristina Seminare zu gestalten und auch der Mönch Bhante Seelawansa aus Wien wird eingeladen, um den Dhamma zu lehren.

Jesse und Ursula in den 1980er Jahren

Teil II

Mein Leben mit dem Buddhismus

Erste Schritte

In meiner Jugend hatte ich durch mein Engagement in der Gemeinde an Kindergottesdiensten mitgewirkt und den Kindern die bildreichen, schönen Bibelgeschichten erzählt. Immer schon habe ich mich für Spirituelles interessiert. Auch Christus, der die Liebe lebte und lehrte, berührte mich. Aber dem Erlösungsgedanken konnte ich nicht folgen. Während ich bei der Diakonie als Krankenschwester arbeitete, hatten wir alle zwei Wochen Religionsunterricht bei einem Pfarrer. Ihn fragte ich, was es mit der Erlösung auf sich hätte, und bekam zur Antwort: „An die Erlösung müssen Sie glauben." Damit war ich nicht einverstanden. An Gott zu glauben, daran, dass es eine höchste Instanz gibt, das war für mich in Ordnung. Aber ich konnte nicht akzeptieren, dass Christus der Sohn von Gottvater ist und dass wir durch seinen Tod erlöst werden sollen.

Als ich durch meinen Mann Jesse mit dem Buddhismus in Berührung kam, wusste ich kaum, was Buddhismus ist. Wir hatten in unserer Mannheimer Zeit Anfang der 1970er Jahre einen Vortrag des damals 82-jährigen Lama Govinda gehört, der auch in Tibet gewesen war. Er trug eine dunkelrote Robe und saß zwei Stunden im Schneidersitz, während er seinen Vortrag hielt. Das war sehr eindrucksvoll. Lama Govinda sprach vom Buddhismus, von seinen Erfahrungen in einem tibetischen Kloster und über seinen Aufenthalt in Asien. Ich fand das interessant, empfand es aber mehr als Reisebericht. Erste ernsthafte Erfahrungen in buddhistischer Praxis machten Jesse und ich in den Zehn-Tage-Retreats in Scheibbs in Österreich, an denen wir ab 1977 teilnahmen, als wir noch in Hürth wohnten. Das Zentrum in Scheibbs war das zweite buddhistische Haus, in dem in deutscher Sprache gelehrt wurde, nach dem „Haus der Stille" bei Hamburg, dem bis dahin einzigen Haus dieser Art in Deutschland.

Mein erster Meditationslehrer in der Theravada-Tradition war Christopher Titmuss in Scheibbs. Von morgens bis abends gab es jeweils nach einer Stunde Sitzen eine Viertelstunde Gehmeditation, immer im Wechsel, mit nur wenigen Unterbrechungen. Der Kurs dauerte zehn Tage. Das lange Sitzen war für mich damals schwierig und nach zwei, drei Tagen dachte ich: „Ich kann nicht mehr." Alles tat mir weh, nicht nur der Rücken oder die Knie. Zwar war ich als Yogalehrerin körperlich geschult, aber so lange so niedrig sitzen …! Ich war fix und fertig. Ich bin zu Christopher gegangen, der gerade bei einer Tasse Tee am Küchentisch saß, und sagte ganz vorsichtig: „Christopher, I can't stand it any more." Er schaute auf und meinte: „Come here, Ursula, sit down." Er goss mir eine Tasse Tee ein: „Come, have a cup of tea." Da alles in dem Retreat ganz im Schweigen stattfand und man nicht einmal Blickkontakt mit den anderen haben sollte, waren seine Worte und die freundliche Geste in dem Augenblick so erstaunlich für mich und hat mich so angerührt, dass ich geblieben bin. Christopher sagte nicht, dass ich bleiben sollte. Er lud mich lediglich zu einer Tasse Tee ein und ließ mir die Freiheit zu bleiben oder zu gehen. Genau das war der Punkt – ich hatte die Wahl! Und auf einmal ging es, das Sitzen tat nicht mehr so weh!

In Scheibbs boten in diesen Jahren auch Ruth Denison, Bhante Dhirawamsa und viele andere Retreats an. Wir nahmen gerne die Gelegenheit wahr, den Buddhismus auf diese Weise durch andere Lehrerinnen und Lehrer kennen zu lernen. Ayya Khema kam 1985 zum ersten Mal nach Scheibbs. Sie war es, die mir ein neues Fenster für meinen buddhistischen Weg eröffnete. Erst durch sie habe ich die Lehre des Buddha wirklich verstanden und erfasst, wie sie mein Leben bereichern könnte.

Jesse las gern buddhistische Bücher, auch Werke wie „Die Lehre des Buddho“ von Georg Grimm. Mir lag diese Art von Schriften nicht, ich fand sie kompliziert. Auch empfand ich die Aussagen darin als sehr negativ. Es ging immer um Nicht-Ich und Nicht-Tun und Nicht-… Das kam mir damals hart vor. Mir fehlte das Positive, das Aufbauende. Jesse dagegen fühlte sich in seiner Unzufriedenheit mit dem Leben vom Buddha verstanden. Für mich war es zunächst wichtig, durch die Meditation zur Ruhe zu kommen. Dann verstand ich die Lehre als Anleitung, im Jetzt zu leben. Das empfand ich als etwas ganz Besonderes. Und eine große Entdeckung für mich war die Achtsamkeit. In meiner Kindheit war es bei uns zu Hause nicht besonders rücksichtsvoll zugegangen: Wir Kinder ließen häufiger die Türen laut ins Schloss fallen und es blieb mal hier, mal da etwas liegen, bis wir ermahnt wurden. Insgesamt herrschte eher die Einstellung, dass es nun einmal so zugeht, wenn viele Menschen in einer Wohnung zusammenleben. Im Retreat fand ich es beeindruckend, wie behutsam und ruhig man mit allem umgehen kann. Die Ruhe, die Vorsicht, die Achtsamkeit, das waren Dinge, die ich erst durch den Buddhismus lernte. Ich entdeckte sie immer wieder neu und in mir entstand ein Gefühl von Entwicklung zu einem bewussten Umgang mit allem. Ich fühlte mich von der buddhistischen Ethik angezogen, von den klaren Aussagen darüber, wie wir handeln sollen, um ein friedliches Leben zu führen, wie sie in den *pancha sila*, den Fünf Richtlinien für ein heilsames Leben, nachzulesen sind. Sie gaben mir das Gefühl, eine Richtung hin zu Aufbau und Entwicklung zu finden. Und es war wichtig für mich, dass der Buddhismus ein Erkenntnisweg ist, bei dem es nicht um Glauben geht, sondern darum, selbst zu prüfen und zu erfahren, was der Buddha lehrte.

In der ersten Zeit wollte ich von der Lehre nichts hören, sondern nur meditieren und erfahren, was es mit der Meditation auf sich hat. In der Meditation erlebte ich sehr schnell meditative Vertiefungen (*jhanas*), eine ganz andere Welt auf der Ebene der Feinstofflichkeit. Im Yoga ist das als *samadhi* bekannt. Als ich später auch die formlosen oder körperlosen Vertiefungen erfuhr, fand ich das zuerst erschreckend, aber mit der Unterstützung meiner Lehrerin Ayya Khema wurde es zu einer guten Erfahrung. Sie erklärte, dass meditative Vertiefungen durch die intensive Konzentration auf das Meditationsobjekt, vor allem ohne Denken und durch die Hingabe an das auftauchende Ganzheitsgefühl entstehen. Das war für mich der Schlüssel, der mir die Tür zu reiner, erhebender Freude, Glückseligkeit und tiefem Frieden öffnete.

Ursula und Jesse mit singhalesischem Mönch im Buddhistischen Zentrum Wien (1983)

Wichtige Lehrer und Lehrerinnen

Christopher Titmuss

Mein erster Meditationslehrer 1977 in Scheibbs, Christopher Titmuss, war ein reiner Vipassana-Lehrer. Übersetzt bedeutet *vipassana*: genau betrachten. Im Englischen heißt die Vipassana-Meditation „insight meditation". Herz und Geist sollen innerlich angeschaut werden, um ihre Art und Funktionsweise zu ergründen und ihnen eine heilsame Richtung zu geben.

Und so lehrte es Christopher: ablenkende Gedanken und Gefühle anschauen und immer wieder zurückkehren zum „Hier und Jetzt". Da ich von Natur aus sehr lebhaft und ungeduldig bin, hatte ich das recht nötig. Christopher war viele Jahre in Thailand und Indien Mönch gewesen, legte dann die Robe ab, unterrichtete aber weiterhin. Als ehemaliger Journalist konnte er wunderbare Vorträge halten. Er vermittelte die buddhistische Lehre, ohne den Namen Buddha zu erwähnen. Wir liebten seine Lehrvorträge, weil er humorvolle Geschichten darin einband. Aber das Herz seines Lehrens war „here and now". Das ging mir unter die Haut und hat mir in meinem Leben in vielen Situationen geholfen. Er sagte immer: „Be slow … be aware of everything, here and now … Here and now I am eating, here and now I am walking, here and now I will lie down."

Anfangs war ich noch unsicher, was es mit der Achtsamkeit auf sich hatte und wie langsam wir sein sollten, auch beim Essen. Ich erinnere mich noch genau, wie ich das damals empfand. Ein junger Mann mir gegenüber am Tisch aß seine Suppe auf eine Art, dass ich kaum den Blick von ihm lösen konnte: Er nahm den Löffel, schaute ihn an und hob ihn ganz allmählich vor den Mund, wie in Zeitlupe – ich wunderte mich, dass er nicht schlabberte, weil er ihn so lange vor den Lippen hielt. Dann schob er ihn langsam in den Mund und schien die Suppe erst einmal auf der Zunge zu behalten, statt sie hinunterzuschlucken. Ich war so fasziniert vom Zuschauen, dass ich selber kaum zum Essen kam. Das war das Erste, was ich bei Christopher lernte, langsam zu essen. Aber das war ganz gegen meine Gewohnheit. Ich aß immer sehr schnell, die Hauptsache war, dass es mir gut schmeckte. Wie ich den Löffel oder die Gabel in den Mund brachte, war mir nicht wichtig. Diese Achtsamkeit war eine gute Erfahrung im Retreat. Den ganzen Tag haben wir jeweils eine Stunde im Sitzen meditiert, danach gab es eine Viertelstunde Gehmeditation, immer im Wechsel, mit wenigen Unterbrechungen bis spät in den Abend hinein. Die übliche Stunde Mitarbeit im Haus zwischendurch empfand ich als große Erleichterung.

Am Abend hatten wir etwa eine Stunde lang „free expression“, in der wir hinausgehen konnten, um uns frei zu bewegen. Viele gingen oder sprangen umher, manche tanzten. Musik gab es nicht, alles verlief im Schweigen. Am folgenden Morgen um vier Uhr ging es weiter wie am Vortag. Das war hart, wie im Kloster. Ob allerdings den Mönchen in den Klöstern auch Zeit für „free expression“ gelassen wurde, weiß ich nicht. Für mich war dieses erste Retreat bei Christopher eine sehr tiefe

Erfahrung, da ist etwas aufgegangen in mir. So zu sitzen, auf den Atem zu achten, ruhig zu werden und zu sich zu kommen, das war *die* Erfahrung für mich. Vom Autogenen Training her kannte ich es, zur Ruhe zu kommen, aber diese Erfahrung war viel intensiver. In der Meditation kam ich ziemlich bald in meditative Vertiefungen. Als ich Christopher das erzählte, meinte er: „Nur durch Einsicht kommt man zur Erleuchtung. Zurück zum Atem, zum Hier und Jetzt." Für ihn war *vipassana* der Weg.

Schon in meinen ersten Retreats bei Christopher kam ich in der Meditation an einen Punkt, an dem ich vollkommen abschalten konnte. Zeitlich und örtlich war ich an diesem einen Punkt. Das war ein solches Erlebnis, dass es sich allein für dieses „Hier und Jetzt" lohnte, so lange zu sitzen. Bei allem, was ich in der Folgezeit tat, hatte ich immer Christophers „here and now" im Ohr. Darin konnte ich immer wieder diesen einen Punkt finden. Im Grunde brauchen wir gar nichts anderes im Leben. Das habe ich auch in meinem Unterricht weitergegeben. Einmal meinte ein älterer Teilnehmer dazu: „Nur das, mehr will ich gar nicht." Dieses „here and now" führt uns unmittelbar zum Erleben des Lebens. Wenn wir nach vorne denken und die Zukunft planen oder zurückdenken und uns an Vergangenes erinnern, sind das lediglich Gedanken. Im Hier und Jetzt ist das Leben präsent, im Hier und Jetzt berühren wir die Essenz des Lebens und erleben es. Das habe ich bei Christopher verstanden. Dafür bin ich ihm dankbar.

Bei Christopher ging es auch um das Thema „Ich-Sagen". Er schlug vor: „Schau mal nach, wie oft du in der Meditation im Geiste ‚ich' sagst, oder in Gesprächen, in der Vorstellung, immerzu – unzählige Male." So brachte er uns dazu zu fragen: „Warum sage ich eigentlich immer ich?" Wir lernten, dieses „Ich" in der Meditation näher anzuschauen.

Christopher Titmuss, Waldhaus (2002)

Kloster Kanduboda, Sri Lanka

Als ich 1984 in Sri Lanka war, lernte ich im Kloster Kanduboda bei dem Mönch Sunita die Acht-Punkte-Meditation, bei der ich mich nach und nach auf bestimmte Teile des Körpers konzentrierte. Diese Punkte zu spüren, war zu Beginn schwierig. Nach tagelangem Üben war die Konzentration dann so stark, dass ich diese Punkte wie Fuß, Knie, Hand und so weiter nicht mehr spürte. Als ich das Sunita berichtete, meinte er nur, das sei eine Folge der Konzentration. Zunächst komme man in der Meditation zur feinstofflichen und schließlich auch zur formlosen oder unkörperlichen Ebene. Bei dieser Erfahrung erlebte ich mich als aufgelöst – egolos, ichlos, substanzlos. Das erzählte ich Sunita und er sagte: „No more instruction – keine weitere Unterweisung." Ich musste selbst damit zurechtkommen.

Bhante Dhiravamsa

In Bhante Dhiravamsa begegneten wir in Scheibbs einem thailändischen Theravada-Lehrer. Wir fanden ihn besonders interessant, weil er in einem buddhistischen Umfeld aufgewachsen war. Erstaunlich war, dass er entgegen der Tradition des Theravada auch westliche therapeutische Methoden in seinen Unterricht einband.

Bhante Dhiravamsa lud uns zu seinem Seminar nach England in ein altes Pastorenhaus mit einem großen Park ein. In seiner Begleitung war eine französische Assistentin, deren Aufgabe im Seminar uns erst nach vielen Stunden der Sitzmeditation klar wurde, als Bhante Diravamsa uns in den

Park hinausschickte, wo sie bioenergetische Übungen mit uns machte. Dabei wurden wir stark mit Gefühlen konfrontiert, die wir sonst zurückhalten. Viele, vor allem die jungen Männer, tobten sich richtiggehend aus, sie wälzten sich im Gras, rissen Grasbüschel aus, schrien und heulten. So etwas hatte ich noch nie erlebt und es verblüffte mich, dass man sich so hinreißen lassen kann, seine Gefühle zu zeigen. Anschließend saßen wir wieder in Stille im Raum. Hier und da war noch Schluchzen und Schniefen zu hören. Innerlich hatte ich den Impuls, zu denjenigen zu gehen, um sie zu trösten. Aber hier durften Gefühle zugelassen werden und ich sah ein, dass es besser war, nichts zu tun.

Eines Abends fragte Bhante Dhiravamsa mich: „Ursula, did you cry today?“ Er war der Meinung, einmal am Tag müsste geweint werden, das sei reinigend und über schwierige Emotionen zu weinen sei gesund. Für mich war das eine merkwürdige, aber auch befreiende Erfahrung.

Bei ihm rezitierten wir in Pali den Spruch „*Sabbe satta sukhita hontu.* – Mögen alle Wesen glücklich sein“. Später habe ich ein Lied daraus gemacht, ähnlich, wie ich es einmal bei den Hindus gehört hatte.

Ruth Denison

Auch Ruth Denison kam aus Amerika nach Scheibbs. Ruthchen, wie wir sie nannten, war die erste weibliche Lehrerin, die ich in den Jahren 1980–1985 kennen- und schätzen lernte. Sie legte großen Wert auf ausgedehnte Body-Scans und hatte den Mut, entgegen der Tradition der Vipassana-

Meditation, in der Bewegung nicht erlaubt war, zwischen den Sitzmeditationen Bewegungsfolgen und bioenergetische Übungen anzuleiten.

Ruth Denison

Ayya Khema

Das erste Mal hörte ich von Ayya Khema, als ich 1984 nach Sri Lanka fuhr, und ich versuchte, sie dort zu treffen. Zu dieser Zeit war sie im Westen schon durch ihre wunderbaren Vorträge bekannt, zu denen ihre Lehrer in Asien sie beauftragt hatten. Von einem chinesischen Meister in Amerika war sie zur Bhikkhuni[*)] ordiniert worden. In Theravada-Ländern wie Thailand oder Sri Lanka wäre das nicht möglich gewesen. Dort ist die Ordination von Bhikkhunis noch heute ein Problem. In Australien hatte sie bereits ein Kloster gegründet. Sie zu erreichen war schwierig, denn sie war dabei, auf der kleinen Insel Parappuduwa im Ratgama-See ein Nonnenkloster aufzubauen. Es gab dort bereits die Mönchsinsel mit einem Kloster nur für Männer. Schließlich fand ich jemanden, der mich mit einem Boot zur Nonneninsel hinüberfuhr. Als wir landeten, rief ich ihren Namen. Unwillig kam sie herbei, sie hatte ein Kopftuch umgebunden und war von oben bis unten mit Farbe bespritzt, denn sie strich gerade ihre *kuti* an, ihre kleine Hütte. Sie wollte mit ihrer Arbeit fertig werden, denn schon am nächsten Tag sollte ein Seminar stattfinden. Nur ganz kurz konnte ich mit ihr sprechen. Ich wäre gern bei ihr geblieben, aber das war nicht möglich. Erst als sie 1985 zu ihrem ersten Retreat nach Scheibbs kam, habe ich sie als Lehrerin kennengelernt. An diesem Kurs nahmen damals auch Roland und Norbert Wildgruber, Heinz Roiger und Charlie Pils teil.

In den Anfangsjahren wurde das Haus in Scheibbs noch eher wie eine lockere Wohngemeinschaft geführt. Ayya Khema war

---

*) Bhikkhuni: voll ordinierte Nonne im Theravada-Buddhismus.

sehr korrekt, legte großen Wert auf Disziplin und Ordnung im Haus und sorgte für einen geregelten Ablauf in den Retreats. Sie kam regelmäßig nach Scheibbs und aufgrund ihrer Bekanntheit waren ihre Kurse immer voll. Ihr systematischer Aufbau im Vermitteln der buddhistischen Lehre war genau das, was ich in dieser Zeit in Vorträgen und in Büchern von Nyanatiloka und Nyanaponika suchte. Mir tat ihre klare Ausrichtung auf die Grundlagen der buddhistischen Lehre gut, auch ihre Didaktik, die ich später für meine Kurse übernahm. In den zwölf Jahren meiner Schülerinnenschaft bei ihr habe ich sie sehr schätzen und die Lehre Buddhas lieben gelernt. Anfangs fuhr ich zweimal im Jahr zu ihren Seminaren, ganz gleich, wo sie lehrte, insgesamt mehr als zwanzigmal. Im Sommer war ich bei ihr in dem großen Kloster in Niederalteich an der Donau, das sie für Retreats mietete, wenn die Schüler des Internats in den Ferien nach Hause fuhren. Ihr Kreis wurde immer größer und größer und es kamen so viele, dass wir dort zu Meditation und Unterricht in der Turnhalle saßen. Ihre Vorträge hielt sie mit gelassener Selbstverständlichkeit und ebenso leitete sie die Praxis an. Ihre Klarheit im Leben und im Praktizieren ergriff uns alle. Wir spürten bei ihr die große Energie der Ruhe und eine führende Kraft. Ihre konsequente spirituelle Zielrichtung, verbunden mit ihrer Bodenständigkeit, war eine Energie, die den ganzen Raum erfüllte und unser aller Herzen erreichte.

Für ihre engsten Schüler und Schülerinnen hatte Ayya Khema stets die erste Reihe reserviert. Ich saß ihr direkt gegenüber. Was sie sagte, nahm ich wissbegierig auf und fand darin tiefe Bestätigung. Ich bewunderte, wie konsequent sie den buddhistischen Weg ging. Ihre kleinen Schwächen liebte ich, wenn sie zum Beispiel beim Meditieren einnickte. Ihren geistigen Reichtum verschenkte sie großzügig. Ihre heilsame Einstellung allen Wesen gegenüber zeigte sich eindrucksvoll auch darin, dass sie sich nicht über all das Unrecht beklagte, das ihr widerfahren war, und über niemanden schlecht redete. Diese ungewöhnlich „saubere" Denkweise ergriff mich und nährte meinen Wunsch, ihr nahe zu sein. Sie war ein Vorbild für mich und ich empfand eine ehrfurchtsvolle Liebe zu ihr. Bei ihr erfasste ich tiefer als bisher die Bedeutung der Vier Edlen Wahrheiten für die buddhistische Lehre insgesamt. Ich verstand, dass es an uns selbst liegt, wenn wir an den Schwierigkeiten des Lebens leiden. Das Wichtigste ist, die Ursachen des Leidens – Gier, Hass und Verblendung – zu erkennen und zu benennen. Wenn wir unser Leiden auflösen wollen, müssen wir diese Triebe umwandeln. Ordnung und Disziplin sah Ayya Khema als Voraussetzung für einen wirksamen spirituellen Weg an. Das war für mich, die ich nicht sehr diszipliniert war, nicht leicht. Aber ich erkannte, dass man mit einer klaren Ausrichtung und Disziplin weiterkommt. Ihre Art, die Lehre weiterzugeben, habe ich für meinen Unterricht übernommen. In der Metta-Meditation, die sie anleitete, hörte ich anfangs nur ihre Worte und sah die Bilder, mit denen sie unsere Vorstellungskraft anregte. Aber dann schlug es in mir um zu innigsten Gefühlen von Herzensgüte und Liebe, die sich wie von selbst ausbreiteten.

Auch vom Buddhistischen Zentrum in Wien wurde sie eingeladen, Vorträge zu halten. Da sie die Grundlagen des Buddhismus so gut vermitteln und die Verbindung zwischen der Praxis der Meditation und der Theorie der Lehre nahebringen konnte, war der Saal im Buddhistischen Zentrum bei ihr immer voll. Sie trat in der Sendung „Religionen der Welt“ im österreichischen Fernsehen ORF auf, in der ich später auch mehrere Male war. In Österreich ist der Buddhismus als Religion anerkannt und wird im Fernsehen präsentiert wie alle anderen Religionen auch. Im Buddhistischen Zentrum – und neuerdings an Schulen – gibt es buddhistischen Religionsunterricht.

Ayya Khema hatte ein großes Organisationstalent und fand in ihren Begleitern tatkräftige Helfer, um ihre Pläne zu verwirklichen. Anfang 1989 gründete sie im Allgäu ein eigenes Seminarzentrum, das Buddha-Haus. Nach 1993, als sie immer bekannter wurde, mussten ihre Meditationskurse in größere Seminarhäuser oder Klöster ausgelagert werden. 1997, ein paar Monate vor ihrem Tod, konnte sie noch ihr neu gegründetes Waldkloster Metta Vihara einweihen. Viele ihrer Schüler und Schülerinnen von damals sind heute selbst Dhammalehrende und geben die Buddhalehre in ihrem Sinne weiter.

24 Jahre lang war Bhante Nyanabodhi Abt der Metta Vihara und spiritueller Leiter des Buddha-Haus Projekts. 2020 legte er die Robe ab und ist als Roland Nyanabodhi weiterhin als Meditationslehrer tätig, ebenso wie sein Bruder Norbert Wildgruber und Charlie Pils. Heinz Roiger, ebenfalls ein Dhammalehrer der ersten Stunde, ist derzeit Vorstandsvorsitzender des Buddha-Haus e.V. Den Jhana Verlag, den Ayya Khema 1990 gründete, leitete zunächst Traudel Reiß und nun schon viele Jahre Claudia Wildgruber.

Im Jahr 1990 lud Ayya Khema mich als Kursbegleitung zu einem ihrer Meditationsseminare im Buddha-Haus ein. Von meiner Idee, auch Yoga anzubieten, wollte Ayya Khema zunächst nichts wissen, weil das in der Tradition des Theravada nicht üblich war. Nachdem ich ihr aber deutlich machen konnte, dass Yoga eine gute Vorbereitung für das Sitzen ist und Wahrnehmung und Konzentration verbessert, stimmte sie zu. In den Pausen zwischen den Meditationen durfte ich nun Yoga-Übungen einfügen. Als sie mich beauftragte, Einzelgespräche zu führen, fühlte ich mich geehrt. Vor der großen Statue des Erleuchteten im Buddha-Haus hatte Ayya Khema eine stehende Kuan Yin aufgestellt. Es war ihr ein Anliegen, uns eine weibliche Erwachte als Vermittlerin von Mitgefühl und Weisheit nahezubringen. Ihre Vorträge wurden auf Kassetten aufgenommen und in Büchern zusammengefasst. Vieles schrieb sie auch selbst auf ihrer kleinen Reiseschreibmaschine. Die Erlöse dienten der Erhaltung des Buddha-Hauses.

Ayya Khema an ihrer Schreibmaschine

Ursula und Ayya Khema (1990)

Bhante Seelawansa

Im Buddhistischen Zentrum am Fleischmarkt in Wien waren die wöchentlichen Meditationen in unserem Theravada-Raum von Anfang an immer gut besucht. Nachdem Bhikkhu Hemaloka, den wir als spirituellen Leiter leider nur kurz erleben konnten, gestorben war, kam Bhante Dr. Seelawansa Wijayarajapura Maha Thero zu uns. Er vermittelte uns den Buddhismus auf singhalesische Weise. Wir waren froh, die Lehre durch ihn aus „erster Hand“ zu erhalten. Heute ist er der spirituelle Leiter der Theravadaschule der ÖBR (Österreichische Buddhistische Religionsgesellschaft) und leitet außerdem das große Dhammazentrum Nyanaponika in Wien. Er hat eine große singhalesische Gemeinde und auch viele Österreicher kommen in sein Zentrum. Einen Raum darin hat er wunderschön wie einen Tempel auf Sri Lanka eingerichtet. In diesem Zentrum bietet er Meditation, Lehrgespräche, gemeinsame Mahlzeiten und rituelle Feiern an. Er kümmert sich sehr um das Wohlergehen seiner *sangha* (Gemeinschaft) und ist immer offen für persönliche Gespräche.

Schon ab 1983 lernte ich bei Bhante Seelawansa die buddhistischen Rituale kennen, wie sie in den asiatischen Theravada-Ländern ausgeübt werden. Jeden Monat rezitierte er mit uns bei den Vollmondfeiern, den *pujas*, die Zufluchtnahme zu den Drei Juwelen mit den Pali-Worten:

Buddham saranam gacchami
Ich nehme Zuflucht zu Buddha, meinem Lehrer.

Dhammam saranam gacchami
Ich nehme Zuflucht zu seiner Lehre.

Sangham saranam gacchami
Ich nehme Zuflucht zur Gemeinschaft derer,
die diesen Weg gehen.

Viele besuchten gern diese Pujas, auch wenn sie sonst selten zur Meditation kamen. Bei den Pujas stand der Altar mit einer Statue des Erwachten und geschmückt mit Kerzen, Blumen, Wasser und Räucherwerk ganz im Mittelpunkt. Die Kerze symbolisiert das Licht der Erleuchtung, Blumen werden als

Symbol für Schönheit und Vergänglichkeit dargebracht. Das Wasser steht für die Leben spendende Lehre und das Räucherwerk für ethische Reinheit. Die Leute brachten Blumen und Kerzen als Gaben mit, überreichten sie Bhante Seelawansa mit einer Verneigung und er legte sie auf dem Altar ab. Diese symbolischen Gaben nahm er dann eine nach der anderen vom Altar und reichte sie mit einer Verneigung der nächststehenden Person weiter. Mit dieser Geste wurden die Dinge von Hand zu Hand weitergegeben, bis sie zuletzt wieder auf dem Altar abgestellt wurden. Noch nie vorher hatte ich erlebt, wie mit solch liebevoller Achtsamkeit gemeinsam von allen Anwesenden dem Buddha Gaben dargeboten wurden. Bei Bhante Seelawansa lernte ich auch das Ritual kennen, das bei der Verbindungsfeier, der Hochzeit, durchgeführt wird. Dabei wird ein roter Faden zunächst um eine Buddhafigur gewickelt. Mit dem dadurch geheiligten Faden werden die Zeigefinger der angehenden Eheleute zusammengebunden, zum Zeichen, dass die Verbindung halten soll. Dazu werden Verse in Pali rezitiert. Als Symbol dafür, dass die beiden Partner füreinander sorgen sollen, füttern sie sich gegenseitig mit Reis, dem Grundnahrungsmittel in Asien.

Zusammen mit meinem Mann Jesse und einigen anderen aus unserer Theravada-Gruppe habe ich damals bei Bhante Seelawansa Unterricht in Pali genommen. Das hat mir bei meinem Studium der Lehrreden des Buddha geholfen, trotz nur geringfügiger Kenntnisse in dieser Sprache verschiedene Übersetzungen zu vergleichen, durch die sich unterschiedliche Aspekte in der Bedeutung von Worten zeigen.

Bhante Dr. Seelawansa, Ursula und Abt Pemasiri (Kloster Kanduboda, Sri Lanka) im Dhammazentrum Nyanaponika, Wien (um 2013)

Thich Nhat Hanh

Durch Teilnehmende an meinen Kursen hörte ich von Thich Nhat Hanh. Sie hatten ihn in Frankreich in seinem Zentrum „Plum Village“ aufgesucht und waren von seiner liebevollen, sanften Art begeistert. Als er Wochenendkurse am Niederrhein anbot, war ich neugierig, daran teilzunehmen. Seine Liebe zur Erde und das starke Gemeinschaftsgefühl haben mich tief berührt. Auch in dem buddhistischen Zentrum EIAB (Europäisches Institut für angewandten Buddhismus) in Waldbröl, das seine Schüler und Schülerinnen im Jahr 2008 gründeten, nahm ich an Retreats teil. Dort leben vietnamesische und auch deutsche Nonnen und Mönche, die dieses Zentrum zu einem ruhigen, wunderbaren Platz machen. Die Vorträge wurden simultan in alle Sprachen übersetzt, sodass man sie über Kopfhörer in der eigenen Sprache hören konnte. Seinen feinfühligen Lehrdarlegungen bin ich begeistert gefolgt und fand den stillen Umgang, der dort gepflegt wurde, sehr schön. Das Zentrum war erfüllt von liebevoller Spiritualität. Hier ging es immer um Achtsamkeit, das Hier und Jetzt, das liebevolle Miteinander, „Inter-Sein“ mit allen und in allem. Das hat mich sehr beeindruckt. Während der Arbeitszeiten wurde jede Stunde einmal der Gong angeschlagen, um uns daran zu erinnern innezuhalten, nur einen Moment lang, ganz gleich, was man gerade tat, ob man schrieb, Gemüse putzte oder wie ich gerade die Treppe fegte. Ich dachte: „Jetzt sind es nur noch zwei Stufen, ich will erst die Treppe fertig machen!“ Aber dann kam mir in den Sinn, was Thich Nhat Hanh sagte: „Nicht erst fertig machen – innehalten und sich bewusst werden: hier und jetzt, drei ruhige Atemzüge lang.“ Dass alle in der Gemeinschaft sich daran hielten und es miteinander praktizierten, hat mich sehr beeindruckt. Mit seinem Lächeln breitete Thich Nhat Hanh heitere Gelassenheit über alle Dinge und Situationen aus, ganz gleich, ob sie leicht, angenehm oder schwierig waren. Seine einfachen, doch tiefgründigen Lieder haben mich inspiriert.

Joseph Goldstein, Jack Kornfield, Steven Batchelor

Von Joseph Goldstein und Jack Kornfield hatte ich ein Buch über ihr gemeinsames Retreat gelesen und hätte sie gern persönlich kennengelernt. Bei Joseph habe ich an einem Retreat in Wales teilgenommen. Seine amerikanische Art der Meditation betonte die individuelle psychische Seite der Übenden. Neu war für mich die Teamarbeit der Lehrenden und die Bildung von Gruppen für Fragen und Austausch. Diese verschiedenen Formen des Unterrichtens haben mir Mut gemacht, auch in meinen Kursen eigene Ideen umzusetzen. Gerade dabei ist mir bewusst geworden, wie der Buddha die verschiedenartigsten Elemente in seine Lehre einbrachte, um dem Leben in allen Aspekten eine heilsame Richtung zu geben. Eine weitere Anregung war für mich ein Retreat bei dem britischen Dhammalehrer Steven Batchelor in Beatenberg in der Schweiz. Er beeindruckte mich mit seiner wachen Skepsis und machte mich nachdenklich. Dass er die üblichen Auslegungen und

Übersetzungen der Lehrreden in Frage stellte und andere Perspektiven einbrachte, erweiterte meine Sicht. Von ihm lernte ich, die Lehre des Buddha auf ihre Wahrheit und Anwendung hin zu prüfen, wie der Erleuchtete es uns selbst empfohlen hat. Mit dem Einverständnis von Mathias, dem Leiter des Zentrums in Scheibbs, lud ich Steven Batchelor ein, dort Kurse zu halten, was er zusammen mit seiner Frau Martine gerne annahm.

Erfahrungen als Lehrerin

In den Jahren nach Jesses Tod (1990) war meine Zeit mit Lernen und Leben der buddhistischen Lehre erfüllt. Nachdem Ayya Khema 1997 gestorben war, fühlte ich mich innerlich verpflichtet, ihr Erbe weiterzugeben und zu verbreiten. Bereits seit den 1960er Jahren unterrichtete ich Yoga, die Lehre des Buddha weiterzugeben ist jedoch etwas anderes. Ohne Ayya Khema als Vorbild hätte ich das wohl nicht geschafft. Lehrerinnen oder Leute mit einer pädagogischen Ausbildung konnten viel besser unterrichten als ich. Ganz lange Zeit habe ich es abgelehnt, „Lehrerin" zu sein, weil ich mich gar nicht als solche empfand. Ich sah mich eher als Wegbegleiterin oder Freundin. Bei Ayya Khema fühlte ich mich als Helferin. Anfang der 1990er Jahre kamen aus Deutschland Anfragen und Einladungen an mich als „Dhammalehrerin". Was? Ich eine Dhammalehrerin? Das war für mich undenkbar. Eine Dhammalehrerin war für mich etwas ganz Besonderes, so jemand wie Ayya Khema. Ich dachte: „Aber das bin ich doch gar nicht, so wie sie kann ich das nicht." Allerdings wurde das von denjenigen, die anfragten, offenbar anders gesehen.

Schließlich habe ich doch Kurse übernommen. Aber im Grunde mochte ich es nicht, herausgestellt zu sein, indem ich als Lehrerin allein vorne saß. Auch die Erwartung an mich „Du erklärst uns jetzt die Wahrheit", die ich spürte, war nichts für mich. Jetzt weiß ich, dass ich Lehrerin bin. Trotzdem habe ich immer das Gefühl: „Hoffentlich ist das, was du sagen willst, auch wirklich richtig. Weißt du es denn genau?" Das begleitet mich ständig. Ich versuche, die Lehre so gut wie möglich weiterzugeben, und beim Unterrichten erfüllt mich eine innere Gewissheit, dass es richtig ist.

Seit 1990 bin ich beim Reiseveranstalter „Neue Wege" tätig, gegründet von Markus Hegemann, der auch Yoga-Seminare als Ferienreisen organisiert. Er lernte mich im Jahr 1985 während seiner Ausbildung zum Yoga-Lehrer bei Anna Trökes in Berlin kennen. Anna hatte mich eingeladen, in ihren Ausbildungskursen Meditation zu unterrichten. Die Meditationspraxis beeindruckte Markus und als er „Neue Wege" gründete, schlug er mir vor, in seinen Ferienseminaren Yoga und Meditation anzubieten. Das übernahm ich gern und war seitdem mehrmals im Jahr an schönen Urlaubsorten, zum Beispiel in Griechenland, in der Toskana, in Andalusien, später auch in der Türkei. Jeweils eine Woche lang unterrichtete ich jeden Tag morgens und abends zwei Stunden. In Wien gab ich zwar schon Seminare an Wochenenden oder über mehrere Tage. Aber eine Gruppe sieben Tage am Stück täglich vier Stunden zu unterrichten, war anfangs eine große Herausforderung. In der ersten Zeit musste ich mich natürlich intensiv vorbereiten. Mit der Erfahrung aber wurde ich gelassener und es blieb mir so viel freie Zeit, dass ich mit zum Strand und schwimmen gehen konnte. Ich liebe das Meer! Der persönliche Kontakt in der ungezwungenen Urlaubssituation erleichterte vielen den Zugang zur buddhistischen Lehre.

Bis 2006 waren wir jedes Jahr im Seminarzentrum „Karuna Refuge“ bei Molivos auf der Insel Lesbos. *Karuna* heißt Mitgefühl. Wir meditierten in einer einfachen Halle im Steineichenwald und saßen auf dicken, unbearbeiteten Fellen, die noch sehr stark nach Schaf rochen. Yoga machten wir abends auf dem Platz vor der Halle, wo überall stachelige kleine Eicheln herumlagen, die wir erst einmal wegfegen mussten. Für den Yoga am Morgen stiegen wir auf den Berg hinauf. Dann war es noch kühl und überall klangen die Glöckchen der Schafe durch die morgendliche Stille. Zur Einstimmung in den Tag sangen wir hier immer das Lied „Licht vom Himmel“ (dazu mehr im Kapitel „Metta“). Leider wurde das „Karuna Refuge“ nach dem Tod seines langjährigen Leiters Jorgo aufgelöst.

Eines Tages kündigte Markus an, seine Mutter wolle bei mir an einem Seminar teilnehmen. Er meinte, wir würden uns gut verstehen. So war es auch. Katharina ist sechzehn Jahre jünger als ich und hatte wie ich ihren Mann durch einen Unfall verloren. Sie wurde für mich Freundin und Assistentin und sie war im Notfall immer für mich da. Von Anfang an habe ich nach dem Frühstück eine Stunde Belehrung angeboten. Die Teilnehmenden saßen mit mir um den Tisch und schrieben eifrig alles auf. Es ging um Gedanken, Achtsamkeit auf sich selbst, darauf, wohin die Sinne sich wenden, wie man mit Gefühlen umgeht. Außer uns mit „ernsten“ Fragen zu beschäftigen, haben wir in den Seminaren auch immer viel gesungen und getanzt, denn Tanz – Kreistänze und auch freier Tanz – gehörte für mich dazu. Manche kamen anschließend auch zu Schweigeretreats, um die Lehre tiefer zu verstehen, als Lehre für ihr Leben, und intensiver zu meditieren. Die Ferienseminare habe ich genossen, weil ich auf diese Weise in Länder kam, in die ich alleine nicht mehr gereist wäre. Früher bin ich mit Jesse oft am Mittelmeer gewesen.

Nach zwanzig Jahren des Unterrichtens habe ich in Wien den Sampada-Kreis und im Jahr 2011 die Sampada-Yoga-Ausbildung in 24 Modulen eingerichtet. Diese Ausbildung umfasste Praxis und Lehre und dauerte zwei Jahre. Sie schloss mit einer Prüfung ab und bedeutete für die Teilnehmerinnen – es waren tatsächlich nur Frauen – eine gute Unterstützung und eine Ermutigung, mit dem Yoga auch die Lehre weiterzugeben. Sie wurden von mir zum Unterrichten autorisiert. Als ich im Jahr 2013 nach einem Unfall hilflos mit zwei gebrochenen Armen im Krankenhaus lag, waren mir diese Frauen eine große Hilfe und wurden mir zu Freundinnen (mehr dazu im Kapitel „Buddhistische Praxis im Alltag").

Was mich sehr ansprach, waren die buddhistischen Rituale. Bei meinem Aufenthalt im Kloster auf Sri Lanka hatte ich zahlreiche Rituale miterlebt. Sie selbst durchzuführen, lehrte mich Bhante Seelawansa in Wien: die Rituale bei Verabschiedungen am Grab, Segnungen von Ehe, Kindern und Haus, bei der Zufluchtnahme. Und ich lernte von ihm, die Pujas, die Vollmondfeste, rituell zu feiern. Anfangs rezitierte er die Texte in Pali, wie es in Thailand und Sri Lanka üblich ist und was wir freudig annahmen. Da wir die Worte aber auch gern verstehen wollten, bat ich ihn, die Texte zu übersetzen. Um die Rituale in unsere Kultur übernehmen zu können, habe ich sie in eine unserem westlichen Verständnis angepasste Form gebracht. Bhante Seelawansa war so großzügig, dies anzuerkennen. Später stellte ich sie in dem Buch „Rituale für das ganze Leben" zusammen, wobei mir Hilke Bleeken aus Hamburg eine große Hilfe war. Mit der Zeit bekam ich von überall her Anfragen und habe Rituale an verschiedensten Orten durchgeführt: im Buddhistischen Zentrum in Wien, auf einem Berg oder im Wald, je nachdem, wo die Betreffenden gern ihre Feier gestalten wollten. Ich segnete viele Paare nach der standesamtlichen Eheschließung, draußen auf dem Land oder auch im Standesamt und sogar zusammen mit einer Pastorin in einer Kirche.

Häufig wurde ich gebeten, ein Verabschiedungsritual durchzuführen. In Sri Lanka hatte ich das miterlebt und Bhante Seelawansa führte es in unserer Familie durch, als mein Mann Jesse gestorben war. Vor Jesses Sarg breiteten wir ein großes gelbes Tuch aus – Gelb ist die Farbe der Erleuchtung. Die engeren Verwandten und Freunde hielten das Tuch von allen Seiten. Alle sprachen gute Wünsche für den Übergang und Dank für Jesses Dasein und seine guten Bindungen im Leben aus und gaben sie in der Vorstellung in das Tuch hinein. Dieses „gehaltvolle" Tuch wurde über den Sarg gebreitet, so wurde Jesse darin eingehüllt. Bei einem weiteren Ritual goss ich aus einem Krug sehr langsam Wasser in eine Schale, die von unseren beiden Töchtern gehalten wurde. Während das Wasser in die Schale floss, rezitierte Bhante wieder und wieder die entsprechenden Verse in Pali:

Anicca vata sankhara
Alles ist veränderlich.

Upada vaya dhammino
Entstehen und Vergehen ist das kosmische Gesetz.

Upakituva nirujjanti,
Sich dieser Wahrheit zu öffnen,

tesang vupasamo sukkho.
bringt Harmonie und wahres Glück.

Andere Menschen beteiligten sich, indem sie mich während dieser Zeremonie mit der Hand berührten. Mit der anderen Hand gaben sie die Berührung weiter, sodass sich eine lange Verbindungskette bildete.

Auch für Kinder sind Rituale etwas Schönes und ich habe viele Kinder buddhistisch orientierter Eltern gesegnet. Als sie nach buddhistischem Unterricht für ihre Kinder fragten, erstellte ich ein kleines Programm und leitete die Kinder zu Achtsamkeit, gemeinsamem Sitzen in Stille und fröhlichen Übungen zur Schulung der Sinne an. Manches konnte ich mit meinen Enkelinnen in Deutschland ausprobieren. Meine Enkelin Lucy, damals etwa sieben Jahre alt, hatte mehrere Freundinnen und ich schlug ihnen vor, ihre Freundschaft mit einem Freundinnenbund zu besiegeln. Wir setzten uns im Kreis zusammen, dachten gemeinsam darüber nach, was Freundschaft ausmacht, und beendeten diese Sitzung mit einem kleinen Ritual. Mit drei dieser Freundinnen ist Lucy heute noch eng verbunden. In dem Jahr, als alle vier 25 Jahre alt wurden, luden sie mich zu ihrem gemeinsamen „hundertsten" Geburtstag ein. Zu meinem neunzigsten Geburtstag brachten sie mir eine Torte mit dem Schriftzug „Für Oma Ursula“, die sie gemeinsam gebacken hatten.

Oft waren die Menschen, die nach Ritualen fragten, Christen, die jedoch nicht nach einem christlichen Ritual feiern wollten. In einem Vorgespräch klärten wir ihre Wünsche, dann schauten sie in mein Buch „Rituale für das ganze Leben“, um sich inspirieren zu lassen, und stellten schließlich in einem Heftchen zusammen, wie das Ritual gestaltet werden sollte und welche Texte sie sich wünschten. Diese Heftchen bewahre ich bis heute auf. Viele Jahre habe ich solche Rituale durchgeführt und sie auch an meine Schülerinnen und Schüler weitergegeben, die nun auf ihre Art damit arbeiten.

Von Marina Jahn, die eine burmesische Ausbildung hatte und lange Vizepräsidentin der ÖBR (Österreichische Buddhistische Religionsgesellschaft) war, habe ich das Augenöffnungsritual gelernt: Eine Buddha-Figur wird mithilfe einer Pfauenfeder mit Wasser besprengt, während die Worte *Shakyamuni, erwache, erwache* rezitiert werden, um sie aus dem Schlaf der Unkenntnis zur Weisheit zu erwecken. Auf diese Weise wird sie belebt und verbindet uns mit der Lehre. Wenn sie aus irgendeinem Grund nicht mehr gebraucht wird, darf sie nie einfach nur weggeworfen werden, sondern man muss sie feierlich begraben. Dieses Ritual habe ich für die Buddha-Statuen durchgeführt, die manche zum Segnen in meinen Unterricht mitbrachten, und habe es erweitert: Auch diejenigen, die sich um die buddhistische Lehre bemühen und sie weitergeben möchten, werden mit Wasser besprengt, damit sie sich zu *bodhisattvas* (Erleuchtungswesen) entwickeln und zum Wohle aller Wesen wirken mögen. Dazu werden die Worte *Bodhisattva, erwache, erwache* wiederholt, um sie aus dem Traum des weltlichen Lebens für die befreiende Wahrheit, für Weisheit und Mitgefühl zu erwecken. Alle Anwesenden sind eingeladen, diese Worte mitzusingen.

Außer Urlaubsseminaren habe ich in vielen Häusern Schweigeretreats angeboten: im Buddhistischen Zentrum Scheibbs in Niederösterreich, im Buddha-Haus, das Ayya Khema im Allgäu gegründet hat, im Haus der Stille bei Hamburg und im Waldhaus in der Eifel, bei dessen Gründung ich Paul Köppler helfen durfte. Das Waldhaus liebe ich, weil ich es von Anfang an kenne. Auch Ruth Denison setzte sich damals sehr für die Gründung dieses Zentrums ein. 1984 hatte Paul den Verein „Buddhismus im Westen e. V." ins Leben gerufen und kaufte zwei Jahre später ein renovierungsbedürftiges Haus am Laacher See in der Eifel, um ein buddhistisches Seminarhaus zu schaffen. Es dauerte nicht lange, bis im Waldhaus Kurse stattfinden konnten, und seitdem gebe ich dort jedes Jahr ein Silvester-Retreat.

Später kam noch Haus Engl in Niederbayern hinzu. Um auch kleinere, intensivere Kurse durchführen zu können, habe ich mich im Umkreis von Wien umgeschaut und fand das Kloster Kirchberg am Wechsel. Dort, in einem herrlichen Barockkloster, leben Dominikanerinnen, vier sehr emanzipierte Frauen. Unabhängig von einem Orden gründeten sie die „Dominikanische Gemeinschaft" und tragen keine Schwesterntracht, sondern Alltagskleidung. Alle haben früher einen Beruf ausgeübt und nach dem Eintritt in den Ruhestand zusammen das Kloster als Begegnungsort für Gruppen aufgebaut. Anfangs habe ich nicht vom Buddhismus zu ihnen gesprochen, nur erwähnt, dass wir auch „etwas Philosophisches machen" würden. Irgendwann fragte ich ganz vorsichtig, ob ich eine Buddha-Statue aufstellen dürfte. Dagegen hatten die Schwestern nichts einzuwenden. Einmal hatte ich beim Einpacken meine Buddha-Figur vergessen und da hat tatsächlich die Leiterin, Schwester Angelika, ihren Bruder Franz, einen Religionslehrer, beauftragt, mir eine Buddha-Statue zu besorgen! Über die Jahre entwickelte sich zwischen uns – Sr. Angelika, Sr. Helene, Sr. Christine, der jungen Sr. Therese und mir – eine herzliche Freundschaft.

Hilfreich beim Unterrichten war für mich Ayya Khemas klare Methode, die ich von ihr übernommen habe. Sie wählte für ihre Seminare immer ein bestimmtes Thema aus der Mittleren Sammlung oder der Angereihten Sammlung der Lehrreden des Buddha. Dieses Thema stellte sie in den sieben Tagen eines Retreats ausführlich dar und leitete Übungen dazu an. Das machte mir einen heilsamen Druck, neue buddhistische Themen zu erforschen und mir anzueignen. Es ist nämlich das eine, die Lehrreden als lehrreich zu empfinden, sie jedoch so zu erfassen, dass sie uns unter die Haut gehen und ein Teil von uns werden, das erfordert viel mehr. Die ernsthafte Auseinandersetzung damit ist unersetzlich.

Mich haben die Vier Edlen Wahrheiten des Buddha überzeugt. Wir sehen, wie in unserem individuellen Leben Habgier und Egoismus zu Streit, Verletzung und Unglück führen und in der Welt zu Ausbeutung, Not und Krieg. Wenn wir diese Erkenntnis tief in uns verankern, werden wir nach Möglichkeit alles tun, was zu Frieden und Glück sowohl für uns selbst als auch für das menschliche Miteinander führt. In unendlich vielen Lehrreden, die der Buddha in 45 Jahren gehalten hat, geht es darum, wie wir die unheilsamen Triebe Gier, Hass und Verblendung überwinden können, um frei und glücklich zu leben. Der Edle Achtfache Pfad hat mir eine klare Ausrichtung für mein Leben gegeben. Es ist der Weg, auf dem wir uns Schritt für Schritt vom Leid und dem Leiden am Leid entfernen und uns dem inneren Glück nähern. Darin finde ich Sinn und Wert für mich und für das Leben insgesamt. Das Gehen dieses Weges bereitet mir größte Freude. Es kommt nicht darauf an, diese acht Schritte nacheinander zu gehen. Jeder kann dort einsteigen, wo er es für richtig hält. Ob ich Nirwana erreiche oder nicht, scheint mir nicht wesentlich. Es zählen die Kontinuität auf diesem Weg und die spirituelle Entwicklung. Für mich hat es sich ganz natürlich ergeben, dass ich diese wunderbare Lehre weitergeben wollte, so gut ich es vermag. Viele, die an meinen Seminaren teilnehmen, hätten gern die Lehre sozusagen für den Hausgebrauch aufbereitet. Sie möchten sie ins tägliche Leben integrieren können.

Früher traute ich mir nicht zu, die drei *tilakkhana* (Charakteristiken des Lebens), nämlich *anicca* (Vergänglichkeit), *dukkha*

(Unvollkommenheit) und *anatta* (Substanzlosigkeit) auf gut verständliche Weise zu vermitteln. Inzwischen ist es mir ein Anliegen, im Unterricht zu verdeutlichen, dass das nicht nur große Worte sind, sondern dass diese Lehren, die dem Buddha so wichtig waren, alles umfassen, was zum Leben gehört. Für mich sind es universelle Gesetze, die uns helfen einzusehen, dass wir uns an nichts festhalten können (mehr dazu im Kapitel „Alt werden, alt sein").

Wenn ich in der Meditation saß und zur Ruhe kommen wollte, versuchte ich, störende Gedanken abzulegen oder, wie der Buddha es auch empfiehlt, zu vertreiben. Ayya Khema schlug vor, den Gedanken einen Namen zu geben, zum Beispiel: „Beruf" oder „Michael, an den ich immer denke". Unter diesem Etikett konnte ich den Gedanken ablegen und zum Meditationsobjekt, zum Beispiel zum Atem, zurückkehren. Bei Chaos im Kopf erwies es sich für mich als hilfreich, im Geist Ordnung zu schaffen, indem ich konkrete Vorstellungen von Ablagen benutzte. So konnte ich Gedanken in „Vergangenheit", „Zukunft" und „nicht hier" einsortieren. Alles, was nicht einzuordnen war, kam in den „Papierkorb".

Wie aber sollte ich mit den Gedanken umgehen, die immer wieder kamen und eine Gedankenkette auslösten, in der ich hängenblieb? Hier funktionierte das Etikettieren nicht. Dann setzte ich auch für Alltagsschwierigkeiten wie Ärger, Angst, Stress usw. die Methode der Kontemplation oder Betrachtung

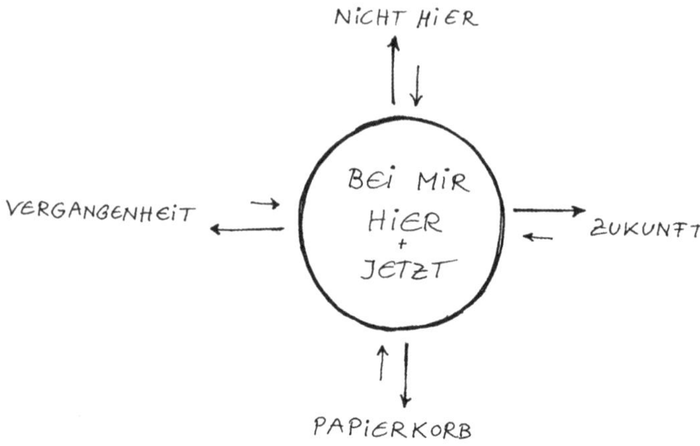

ein. Dabei schaute ich die Gedanken genau an und analysierte, welche immer wieder auftraten, woher sie kamen, was sie gefühlsmäßig mit mir machten und wo es hinging, wenn sie sich ausweiteten. Indem wir die Zusammenhänge erkennen, können wir die ständigen Wiederholungen unterbrechen und kommen zum Hier und Jetzt zurück. Auch bestimmte Begriffe wie *metta* oder *karma* lassen sich in der Kontemplation klarer erkennen, indem wir sie durchdenken und schauen, was sie für unser Leben bedeuten.

Gedankliche Störungen und schwierige Gefühle begegnen uns immer wieder. Wenn wir einsehen, dass wir selbst das ändern sollten und können, um weniger zu leiden, helfen uns konkrete Anweisungen. Zurzeit bin ich dabei, praktische Methoden zu entwickeln, wie wir solche negativen Gedanken und Gefühle in heilsame, konstruktive umwandeln können. Mein neuestes Projekt ist eine Schrift zum Thema: Verwandlung ist Entwicklung – Methoden zur Transformation von Gedanken und Gefühlen, mit Anweisungen für Meditation und Alltag. Nach Ayya Khema sind die Schritte dieser Transformation:

erkennen – nicht tadeln – ändern

Das gründliche Erkennen ist die Voraussetzung und indem wir nicht tadeln, schauen wir die Tatsachen an und lassen sie zu, ohne nach Schuldigen zu suchen. Dafür würden wir zu viel Zeit und Energie verschwenden. Stattdessen sollten wir unsere Aufmerksamkeit auf die aktuelle Situation richten, um sie zum Guten zu verändern.

Meinen Unterrichtsstil finden manche Menschen zu locker. Wenn in meinem Schweigekurs ab und zu mal ein paar Worte gewechselt werden, meinen manche Teilnehmer zuweilen, ich müsste eingreifen. Einige hätten gern, dass ich es ganz strikt handhabe: kein Augenkontakt, nur Sitzen, kein Yoga und außer im Einzelgespräch mit mir auch nicht sprechen. So war es auch bei Ayya Khema. Es wurde absolute Stille eingehalten. Natürlich nehme ich das Schweigen ernst und weise darauf hin. Ich halte mich an die Lehre, lasse aber gerne „lange Leine". Bei mir heißt es nicht: „Nur so ist es richtig", sondern: „Schau hin, ob es dir gut tut, und versuche, es in deinem Leben umzusetzen." Das übermäßig Strenge liegt mir nicht. Wer es so praktizieren möchte, wird es bei mir nicht finden. Auch als Lehrerin einfach wieder nur Teilnehmerin zu sein und dazuzulernen, halte ich dagegen für wichtig und ich habe lange weiterhin an Retreats anderer Lehrender teilgenommen.

Vor einigen Jahren gestalteten die jungen Filmemacherinnen Teresa Distelberger und Susanne Meitz kleine Sketche mit mir. Die Themen ergaben sich aus den Fragen meiner Enkelinnen an mich, auf die sie klare und kurze Antworten erwarteten, weil sie wissen wollten, wie ihre über neunzig Jahre alte Oma Liebe, Chaos, Ärger und Freude erlebt hatte und wie sie in buddhistischer Weise damit umging. Eines Tages meinte eine der beiden jungen Frauen, ich sei eine „Buddha Oma". Unter dieser Bezeichnung stellten sie die kurzen Filmsequenzen in YouTube ein. Die Bezeichnung „Buddha Oma" mag von manchen belächelt werden, aber viele hören gern, was sie zu sagen hat.

Labyrinth, Karuna Refuge auf Lesbos, Griechenland

Paul Köppler und Ursula im Waldhaus am Laacher See

Yoga am Strand, Paraskevi, Griechenland

Buddhistische Praxis im Alltag

Wenn mich jemand fragen würde, woran man erkennt, dass ich Buddhistin bin … Von außen sieht man es mir nicht an: Ich wasche meine Wäsche, halte meine Wohnung sauber, kaufe ein und mache auf dem Weg den Chi-Atem (siehe Kapitel „Alt werden, alt sein"), koche, pflege meine Blumen auf dem Balkon, arbeite am Computer, so gut ich kann, schreibe E-Mails. Ich mache meine Yogaübungen, morgens früh im Bett, manchmal auch zwischendurch in der Küche. Und ich meditiere. Alles das ist nach außen hin nicht sichtbar. Aber ich hoffe, daran, wie ich mit Menschen umgehe und wie ich Probleme des Alltags löse, wird deutlich, dass ich den buddhistischen Weg gehe.

Geistige Kräfte wie Ruhe und Gelassenheit helfen uns, schwierige Situationen zu bewältigen. So erging es mir mit einem Hörsturz. Als ich im Jahr 2003 mit Mitte siebzig nach einem Besuch im Rheinland bei meiner Tochter Cristina und den Enkelinnen mit meinem Fiat die tausend Kilometer zurück nach Wien fuhr, machte ich nur kurze Pausen, denn ich fühlte mich kräftig und wollte vor Anbruch der Dunkelheit zu Hause sein. Endlich angekommen, trug ich meinen Koffer die zwei Treppen zu meiner Wohnung hinauf, als es mir vor den Augen flimmerte. Ich schaffte es gerade noch in meine Wohnung – und dann war plötzlich die Welt für mich totenstill. Mein Gehör setzte komplett aus. Ich trat mit dem Fuß gegen das Balkongeländer, das bei Berührung immer lärmend wackelte – kein Ton. Ich hustete kräftig – kein Laut. Meine erschreckende Erkenntnis: „Ich bin taub!" Den Gedanken, jemanden anzurufen, verwarf ich sofort, auch am Telefon hätte ich ja nichts gehört. Was sollte und konnte ich tun? Nur eins war möglich – einfach in Ruhe stehen und atmen. Ich atmete bewusst ein – aus – ein – aus … immer wieder. Eine Minute nach der anderen verstrich in absoluter, lebloser Stille. Die Zeit schien stehenzubleiben. Nach einer gefühlten Ewigkeit erreichte ein Rauschen mein Ohr und ich wusste, dass es die Autos auf der Straße waren. Es war wohl noch nie jemand so dankbar für den Verkehrslärm wie ich in diesem Augenblick! Nach und nach konnte ich alles wieder hören, wenn auch zunächst gedämpft. Ich war so erleichtert, dass mir die Tränen kamen.

Diese geistigen Kräfte halfen mir auch, als ich im Jahr 2013 einen schweren Unfall hatte. Gerade frisch zurück in Wien nach meinen Ferienseminaren in Griechenland, blieb ich auf dem Weg zum Einkaufen mit dem Schuh in einer Straßenbahnschiene hängen und stürzte der Länge nach auf die Straße. Um aufzustehen, wollte ich mich auf die Arme stützen, aber sie waren gebrochen. Da lag ich nun im fließenden Verkehr mitten auf der Fahrbahn und konnte jeden Augenblick von der nächsten Straßenbahn oder einem Auto überfahren werden.

Im Schock spürte ich nicht die geringste Angst. Wie aus der Ferne drangen Worte zu mir: „Kann ich Ihnen helfen?" Aber ich war unfähig zu reagieren. Als eine Frauenstimme laut und eindringlich sagte: „Ich helfe Ihnen", kam ich zu mir und bat sie, mich nicht an den Armen hochzuziehen. Mit geschultem Griff umfasste sie mich, half mir auf die Beine, brachte mich zu einem hohen Stein auf dem Bürgersteig, damit ich sitzen konnte, und alarmierte die Rettung. Noch bevor ich ihr danken konnte, war sie verschwunden. War sie eine Pflegerin? Eine Ärztin? Ein Engel? Ein Bodhisattva war sie bestimmt!

Der Rettungswagen brachte mich ins Unfallkrankenhaus. Mein rechter Oberarm und der linke Ellbogen waren gebrochen, beide Arme wurden eingegipst. In meinem Bett konnte ich nur auf dem Rücken liegen, nichts anfassen, nicht die Decke hochziehen, nicht alleine essen und trinken. Eine der Mitpatientinnen in dem Vierbettzimmer war eine Frau, die sich sehr unangenehm verhielt. Mit ihrem gebrochenen Bein konnte sie nicht aufstehen. Ständig machte sie auf sich aufmerksam, telefonierte laut, warf ihr Handy anschließend mit Getöse in die Schublade und schrie für jede Kleinigkeit laut nach der Schwester. Ich fühlte mich sehr gestört. Meine direkte Bettnachbarin war eine 92-Jährige, die fast immer schlief und offenbar nichts von allem mitbekam. Die Frau ein Bett weiter murmelte unentwegt vor sich hin: „Daham is' daham, daham is' daham" (daheim ist daheim). Wenn ich nachts mit meinen eingegipsten Armen dalag und nicht schlafen konnte, rezitierte ich buddhistische Texte, die ich auf Pali auswendig gelernt hatte, so auch den Dhammapada-Vers 183. Dabei musste ich mich konzentrieren und das half mir, ruhiger zu werden.

Im Original heißt der Dhammapada-Vers *):

> *Sabba papassa akaranam*
> Von allem Bösen abzusteh'n,
>
> *kusalassa upasampadā*
> Das Gute zu vermehren stets,
>
> *sa-citta-pariyodapanam*
> Zu läutern seinen eignen Geist:
>
> *etam buddhāna sāsanam*
> Das ist der Buddhas Lehrgebot.

In meinen Kursen gebe ich ihn mit meinen Worten weiter:

> „Unheilsames lassen,
> Heilsames tun,
> den Geist klären
> und das Herz mit Liebe füllen."

Eines Nachts kam mir die Idee aufzustehen, von Bett zu Bett zu gehen und meinen Leidensgenossinnen gute Wünsche auszusprechen. Zum Aufstehen ohne Zuhilfenahme der Arme hatte ich inzwischen eine Technik gefunden: Am Fußende des Bettes hakte ich mich mit den Zehen am Bettgestell unter und zog mich mit Hilfe meiner trainierten Bauchmuskeln zum Sitzen hoch. Zuerst stand ich vor meiner Bettnachbarin, schaute sie freundlich lächelnd an und sagte leise: „Mögest du einen guten Schlaf haben. Möge es dir wohl ergehen. Mögest du glücklich und zufrieden sein." Das ging mir ganz leicht

*) Nyanatiloka Mahathera: *Dhammapada, Worte des Buddha.* (6. Aufl.). Jhana Verlag, Uttenbühl, 2018.

von den Lippen. Auch der Frau gegenüber, die immer „daham is' daham" murmelte, empfand ich Wohlwollen: „Ja, du hast recht, zu Hause ist es besser als hier. Mögest du bald wieder in deinem Zuhause glücklich sein und jetzt gut schlafen." Schließlich kam ich zum Bett der unangenehmen Frau. Ich war voller Ärger, wenn ich an ihr rücksichtsloses Verhalten uns und den Schwestern gegenüber dachte. Wie ein Hindernis stand dieser Ärger vor mir. Aber nach einer Weile meldete sich eine innere Stimme: „Ursula, wenn du es nicht schaffst, dieser Frau mit *metta* zu begegnen, lebst du nicht wirklich buddhistisch." Warum verhielt sich diese Frau wohl so? War sie vielleicht ausgebrannt oder verletzt? Mitgefühl kam in mir auf und im Stillen sagte ich zu ihr: „Du bist im Grunde arm dran. Mögest du Zugang zu deinem Herzen finden, damit du zur Ruhe kommen kannst und zufrieden wirst." Danach war ich richtig erleichtert und ging in mein Bett zurück. Ich freute mich, dass es mir gelungen war, diese Hürde zu überwinden. Dadurch kam ich selbst auch wieder zur Ruhe und ich fühlte mich mit allen verbunden.

Für das Leben im Alltag hat mir der Erhabene als Grundsatz den Blick für Heilsames und Unheilsames eröffnet. Wie er seinem Sohn Rahula erklärte, was unheilsam ist und wohin unheilsames Denken und Handeln führt, leuchtete mir ein und es ist immer noch ein bedeutender Baustein in meinem spirituellen Leben. Wie wir entscheiden und was wir tun oder lassen, geht vom Geist aus: *„Den Dingen geht der Geist voran; der Geist entscheidet"*, so beginnen die beiden ersten Verse des Dhammapada *). Der Geist, das sind unsere Gedanken und die damit verbundenen Gefühle. Wir sollten den Geist in eine heilsame Richtung lenken, denn wir selbst sind die Gestalter unseres Lebens, unseres Schicksals, unseres Karmas. Heilsam nennen wir das, was uns selbst und anderen Heil bringt und nachhaltig Gutes bewirkt.

Als ich begann, mich näher mit der Lehre zu beschäftigen, kam ich darauf, *dukkha*, allgemein als das Leiden in der Welt übersetzt, eher als Unvollkommenheit zu verstehen. Das Leben ist ein Prozess der ständigen Veränderung und die Wahrheit des *dukkha* ist das grundlegende universelle Gesetz. Die Unvollkommenheit ist in allem angelegt, auch in uns Menschen. Nur durch sie ist Entwicklung überhaupt möglich. Wir alle haben Fehler und Schwächen und sind verantwortlich für das, was daraus resultiert. Indem wir dem Edlen Achtfachen Pfad folgen, können wir uns zum Besseren hin entwickeln. Allerdings können wir diese Arbeit nie vollkommen zu Ende bringen, die Unvollkommenheit an sich bleibt und ist als solche in Ordnung. Wir müssen sie akzeptieren. Aber wir sollen sie zum Anlass nehmen, uns weiter zu entwickeln. Dazu gehen wir den spirituellen Weg. Die Erkenntnis der Unvollkommenheit war für mich von großer Bedeutung. Damit komme ich in meinem Leben viel leichter zurecht. Wenn ich bemerke, dass es bei mir zuweilen nicht ganz geordnet zugeht, schmunzle ich und sage mir: „Ich muss nicht alles hundertprozentig in den Griff bekommen.“ Aber ich bemühe mich, es besser zu machen,

---

*) Schmidt, K.: *Sprüche und Lieder*. Verlag Christiani, Konstanz, 1954.

so gut ich kann. Wenn ich mich selber und die Menschen um mich herum wirklich annehmen will, dann muss ich mich und sie mit der Unvollkommenheit akzeptieren. Einen Menschen zu mögen, ist einfacher, wenn ich ihn in seiner Unvollkommenheit sehen kann, anstatt mir ein Bild von ihm zu machen, dem er nicht entspricht. Am schwierigsten haben es Menschen, die glauben, das Leben ganz und gar im Griff zu haben, alles zu wissen, wichtig zu sein, über andere Macht ausüben zu können. Irgendwann erfahren auch sie *dukkha* und bekommen ihre Unvollkommenheit zu spüren. Dann leiden sie doppelt: wegen der Unvollkommenheit an sich und aufgrund ihrer Selbsttäuschung. Vollkommenheit bedeutet nicht, alle Fehler auszumerzen. Das Streben danach, perfekt zu sein, zeigt sich schmerzlich im Empfinden von „Ich bin nie gut genug". Mit der Akzeptanz der Unvollkommenheit befreien wir uns vom Zwang, perfekt sein zu müssen. Deshalb heißt meine Devise:

Perfektionismus zwingt – Unvollkommenheit befreit

Das heißt natürlich nicht, dass wir uns nicht darum bemühen sollten, es gut zu machen! Um klar zu sehen, was unsere Schwächen sind, üben wir die Achtsamkeit. Wenn wir die Unvollkommenheit akzeptieren, können wir auch besser mit Schmerzen umgehen, viel besser! Wenn mir etwas wehtut, sage ich mir, das ist eben die Unvollkommenheit des Körpers. Und wenn es arg wehtut, nehme ich eine Tablette. Es ist unmöglich, nie wieder Schmerzen zu haben, immer gesund und jung zu bleiben, keine Fehler mehr zu machen. In den letzten Jahren verbinde ich mich im Schmerz mit allen, die auch gerade an Schmerzen leiden, und schicke ihnen liebevolle, mitfühlende Gedanken. Das hilft mir, die eigenen Schmerzen anzunehmen, denn in *dukkha* sind wir alle verbunden. Den Sinn meines Leidens sehe ich darin, das Leiden der anderen zu verstehen und mitzuempfinden.

Das zweite große Gesetz ist die Vergänglichkeit, *anicca*. Dass das Leben im Fluss ist, hatte ich schon erkannt. Jede Minute geht vorbei, jeder Atemzug. Was zählt, ist das Hier und Jetzt. Es ist wie der Kontaktpunkt eines rollenden Rades genau an der Stelle, an der es in diesem Augenblick auf den Boden trifft. Der Berührungspunkt verändert sich ständig. Diese Veränderung kann ich nur im Hier und Jetzt erfassen, weil ich nur an dieser Stelle und zu diesem Zeitpunkt lebe und wirklich da bin. Aber ich finde es auch wichtig, öfter einmal zurückzuschauen und mich zu fragen: „Wie habe ich bisher gelebt? Warum habe ich diesen Weg gewählt? Was hat es mit mir gemacht, dass ich genau diesen Weg gegangen bin?" Auch wenn ich nicht alles anders mache als früher, so hat sich doch meine Sicht der Dinge verändert.

Das dritte große Gesetz, die Substanzlosigkeit, *anatta*, ist mir durch eine irrtümliche Krebsdiagnose sehr unter die Haut gegangen (mehr dazu im nächsten Kapitel). Für alle sichtbaren Dinge haben wir Begriffe: Baum, Haus, Tisch ... Wir verstehen einander, weil wir wissen, was mit den Begriffen gemeint ist. Letztendlich aber sind alle Dinge nichts Einheitliches, sondern aus verschiedenen Teilchen zusammengesetzt und alles wird wieder auseinanderfallen und vergehen. Materielles kann immer wieder nur in die Elemente übergehen, aus denen die Welt besteht: in Luft, Erde, Wasser, Temperatur. Aus diesen

Elementen baut es sich wieder neu auf. Wenn ich die Berge oder die Bäume anschaue, habe ich manchmal den Eindruck, als zerfielen sie vor meinen Augen und etwas Neues bildete sich daraus. Das erlebe ich wie: „So ist es, Ursula."

Der Auflösung, dem Verfall unterliegt auch unser Körper. Der Buddha machte mit seinen Mönchen oft die Elemente-Meditation, bei der der Zerfall des eigenen Körpers das Thema ist. Im Tod entweicht die Luft aus dem Körper, auch die Temperatur, und die materiellen Teile werden wieder zu Erde und zu Wasser. Anfangs machten mir diese Gedanken Angst – was ist denn danach noch übrig? Nichts! Der Zerfall ist ein Aufgehen im All. Es geht nicht mehr darum, Person oder Einzelteil zu sein, sondern verbunden zu sein mit allem. Das kann ich jetzt schon spüren, nicht erst, wenn ich tot bin. Der Körper vergeht, das Ich vergeht. Was bleibt, ist der Lebensstrom, das Karma, das Streben nach Vollkommenheit oder die vollkommene Befreiung von Lebens-Wiederkehr, Erleuchtung. Dieses Wissen bringt eine wunderbare innere Freiheit. Die Erfahrung, auf dem buddhistischen Weg meine Freiheit finden zu können, hat meine Begeisterung für die Lehre des Buddha angefacht und bis heute erhalten.

Bevor man sich mit den universellen Gesetzen befasst, sollte man sich vorbereiten, denn wenn man sich zu früh damit beschäftigt, ist es, als würde man in der Luft schweben. Erst wenn man die Grundlagen des Buddhismus kennt und damit umzugehen weiß, kann man von da aus wie auf einer Leiter, die fest auf dem Boden steht, zu den schwierigeren Themen weitergehen. Dazu gehört es, meditieren zu lernen. Die notwendigen grundlegenden Kenntnisse sind im Edlen Achtfachen Pfad enthalten. Wir müssen erkennen, dass *dukkha*, das Leiden, vom kleinsten bis zum größten Übel reicht. Was aber ist die Ursache des Leidens? Das sind Gier, Hass und Verblendung, mit denen wir umgehen lernen müssen. Sie lassen sich nur durch die Beachtung der großen Gesetze auflösen. Die universellen Gesetze sind es, die uns zu der Erkenntnis bringen: „Auch du wirst dich schließlich auflösen. Wenn du krank bist, kannst du vieles versuchen, um wieder gesund zu werden, dich in weiteren Krankenhäusern behandeln lassen und noch mehr Spezialärzte konsultieren – am Ende wird der Körper doch verfallen. Und all die Dinge, die du angesammelt hast – halte sie nicht krampfhaft fest, sondern lass sie los. Du kannst nichts festhalten.“ Ich möchte die Menschen ermuntern, nicht darin nachzulassen, das Edelste in Herz und Geist zu entwickeln, so wie es alle Erleuchteten lehren, und sich von Misserfolgen nicht entmutigen zu lassen. Bei aller Unvollkommenheit sollten wir uns immer weiter bemühen, einen guten Weg zu gehen, auch wenn unsere Schwächen uns manchmal fast resignieren lassen. So ist es im Leben: Mal sind wir unten, mal oben – es ist nicht so wichtig. Der Buddha spricht von den acht weltlichen Bedingungen, den *lokadhamma*, denen wir in unserem irdischen Leben unterworfen sind: Gewinn – Verlust, Anerkennung – Missachtung, Lob – Tadel, Glück – Unglück. Sie fordern uns immer wieder dazu heraus, tiefer zu erkennen, dass wahres Glück nur im Loslassen zu finden ist. Das ist der Weg zum inneren Gleichmut und zu einem höheren Glückszustand, in dem wir nicht mehr von diesen äußeren Bedingungen abhängig sind. Wenn wir das einsehen, können wir mit allem gelassener umgehen.

Alt werden, alt sein

Wenn man alt wird, muss man lernen, sich helfen zu lassen. Als ich 2013 den Unfall hatte und mit zwei gebrochenen Armen eine Weile im Krankenhaus bleiben musste, bekam ich wie üblich Essen und Getränke hingestellt. Da aber meine beiden Arme eingegipst waren, konnte ich ohne Hilfe weder essen noch trinken. In dieser Zeit erfuhr ich große Unterstützung durch meine ehemaligen Schülerinnen aus der Sampada-Ausbildung. Sie sprachen sich untereinander ab, um mich täglich zu besuchen und mir bei allem zu helfen. Dafür bin ich ihnen heute noch sehr dankbar. Dann kam der Tag, an dem ich entlassen werden sollte. Eine direkt anschließende Reha gab es nicht, für zu Hause wurde nur eine Hilfe morgens und abends bewilligt. Aber ich konnte Arme und Hände immer noch nicht gebrauchen und hätte weder telefonieren noch die Tür öffnen oder auf die Toilette gehen können. Auch da haben sich meine Schülerinnen für mich eingesetzt. Eine von ihnen war leitende Physiotherapeutin im Sophienspital und betreute mich dort. Ich fühlte mich gut aufgehoben und gewann Schritt für Schritt meine Selbstständigkeit zurück.

Manches ist beim Altwerden sehr lästig, zum Beispiel dass man nicht mehr gut hört. Vor etwa zehn Jahren wurde ich zu einer internationalen Konferenz in das Schweizer Meditationszentrum Beatenberg eingeladen. Das war eine große Ehre für mich, denn viele bekannte Dhammalehrende nahmen daran teil, die zum Teil von weit her kamen. Dort habe ich zum ersten Mal bemerkt, dass mein schlechter werdendes Gehör ein großes Hindernis ist und meine Teilnahme an solchen Veranstaltungen sich einfach nicht mehr lohnt. In den Seminaren stört es mich, wenn ich in Gesprächen mein Gegenüber schlecht verstehe und oft auch die Hörgeräte nicht mehr helfen. In Situationen, in denen eine Schwäche der Sinne und des Körpers auftritt, ist es wichtig zu wissen, was man tun kann. Wenn mir manchmal ein bisschen schwindelig wird und mein Sehen beeinträchtigt ist, schaue ich ganz ruhig auf einen Punkt und mache meinen Riesel-Atem: Ich atme tief ein und lasse in der Vorstellung den Atem vom Scheitel aus durch alle Kammern und Windungen des Gehirns langsam hindurchrieseln, als wollte ich sie reinigen. Ganz ruhig stehe ich da, atme, atme und mein Denken wird wieder klar. Außerdem hilft es mir, mich mit dem Blick und dem Denken auf etwas auszurichten. So gehe ich in der Regel ziemlich aufrecht, aber wenn ich müde bin, neige ich dazu, leicht gebeugt zu gehen und zuweilen auch ein wenig zu schwanken. Dann sage ich zu mir: „Ursula, gerade!“ Im Weitergehen schaue ich gezielt geradeaus und richte mich mit der Vorstellung „gerade“ und „ruhig“ ganz bewusst auf Klarheit aus. Atmen – gehen – bewusst sein, das hilft mir. Mich auszurichten hilft mir auch beim Denken. Früher war es für mich normal, zwischen Gedanken hin- und herzuspringen, aber heutzutage bin ich bewusst fokussiert und denke eine Sache klar zu Ende. Anders geht es in meinem Alter nicht.

Während eines Fluges vor etwa drei Jahren nach Berlin, wo ich zu einem Yoga-Ausbildungskurs eingeladen war, wurde mir plötzlich schummrig und ich dachte: „Oh, oh ... wenn du jetzt nachgibst, wirst du ohnmächtig." Ganz bewusst habe ich tief eingeatmet, den Atem angehalten und tief wieder ausgeatmet. Hätte ich dem Gefühl nicht gegengesteuert, wäre ich vielleicht bewusstlos geworden. In dieser Situation wurde mir bewusst, dass ich auch ganz plötzlich sterben könnte. Möglich wäre auch, dass ich während eines Seminars im Unterricht umkippe und sterbe. Beim Silvester-Retreat im Waldhaus 2017/18 war es fast soweit. Bei der Morgenmeditation saß ich auf dem Stuhl und spürte, wie mich vom Rücken her etwas wie ein Panzer zusammenschob, sodass es mir in der Brust eng und enger wurde. Ich konnte nicht mehr sitzen bleiben und habe mich ganz leise am Boden auf dem kleinen Teppich ausgestreckt. Da alle beim Meditieren die Augen geschlossen hatten, bemerkte niemand etwas. Ich hatte das Gefühl, dass dies mein Ende sein könnte, empfand das aber nicht als bedrohlich. Es war mir willkommen, es auf diese Weise zu erleben. Dank der verständnisvollen Hilfe einer anwesenden Ärztin, Rita, die mich mit homöopathischen Mitteln behandelte, erholte ich mich aber im Laufe des Tages. Ich bin ihr noch heute dankbar dafür. Am Abend fühlte ich mich wieder ganz in Ordnung, konnte die Silvester-Puja leiten und war bis Mitternacht dabei. Es ist erstaunlich, was mein Körper und auch mein Geist in diesem Alter noch leisten und wie viele Krisen ich heil überstanden habe. Seit diesem Ereignis im Waldhaus fühle ich mich kräftiger als zuvor. Was für ein Glück, kaum zu glauben!

Ein Jahr nach dem Unfall mit den Armbrüchen bekam ich während eines Retreats in Scheibbs Rückenschmerzen auf der

Höhe der Lendenwirbel. Da es links wehtat, dachte ich an meine linke Niere. Die Schmerzen wurden so stark, dass ich nicht mehr schlafen und auch kaum noch sitzen konnte. Mathias, der Leiter des Zentrums Scheibbs, brachte mich ins Krankenhaus, dort schickte man mich sofort in ein Röntgeninstitut. Nach der Untersuchung mit Ultraschall meinte der Arzt, etwas käme ihm merkwürdig vor. Um es abzuklären, müsste ich wohl besser „in die Röhre". Er druckste herum, ich merkte, dass etwas nicht stimmte, und sagte: „Herr Doktor, ich bin jetzt schon über achtzig, sagen Sie mir ruhig die Wahrheit. Ich möchte lieber genau Bescheid wissen." Er hatte in der Bauchspeicheldrüse einen Tumor entdeckt und meinte, das könnte Krebs sein. Ich war Mathias dankbar, dass er mich ins Krankenhaus gebracht hatte, denn nun kannte ich wenigstens die Ursache meiner Schmerzen. Da sie nachließen, war ich in der Lage, sogar ohne Schmerztabletten meinen Kurs zu Ende zu führen. Aber die Krebsdiagnose hatte mich natürlich aufgerüttelt, denn ich wusste, dass man mit Bauchspeicheldrüsenkrebs in der Regel nur noch ein halbes Jahr zu leben hat, selten länger. Ich sagte mir: „Jetzt schau einmal genau hin! Wie ist es für dich, bald zu sterben? Wie ist es, wenn du deine Kräfte verlierst?" Mein Leben war konkret in Frage gestellt und das war bedrohlich. Es ist doch etwas anderes, grundsätzlich über das Sterben nachzudenken, als wenn das eigene Ende absehbar ist. Ich mag das Leben und freue mich sehr an vielen Dingen, an den Menschen und an der Natur. Abschied nehmen zu müssen von allem, was man liebt, tut weh und ruft noch intensiver als sonst Dankbarkeit und liebende Zuwendung hervor. In der mir verbleibenden Zeit wollte ich mich so intensiv wie möglich der Meditation und der Lehre widmen. Mir vorzustellen, wie elendig Krebspatienten leiden, ließ ich nicht zu. Das Hier und Jetzt war mir wichtiger als die Zukunft und ich kam zu der Erkenntnis, dass für mich mehr als die Vergänglichkeit die Substanzlosigkeit zählte. Sie zeigt sich bei solch einer Krankheit ganz konkret, denn nach und nach verliert man an Kraft und an bestimmten Fähigkeiten.

Die Vergänglichkeit – *anicca* – begegnet uns ständig: im Entstehen und Vergehen der Jahreszeiten, in Tag und Nacht, in den Kindern, die geboren werden, und den Alten, die sterben. Dass es so ist, wissen wir alle, aber wir möchten das Vergehen nicht annehmen. Wir wollen immer gesund bleiben und unsere Gaben und Kräfte bis ins hohe Alter erhalten. Doch wir alle leiden an Krankheiten und im Alter am Rückgang von körperlicher Kraft und Fähigkeiten. Je enttäuschter und frustrierter wir über unser Schwächerwerden sind, umso größer werden Ärger, Schmerz und Leid. Natürlich sollen wir alle medizinischen Hilfen und Mittel einsetzen, um uns gesund zu erhalten und so lange wie möglich frisch und mobil zu bleiben. Aber gegen den natürlichen Verfall zu protestieren, verdoppelt das Leid.

Was wir Substanzlosigkeit – *anatta* – nennen, ist eigentlich nur eine andere Art, die Vergänglichkeit genau zu betrachten. Wie viele Teile und Teilchen müssen zusammenkommen, um z. B. einen Tisch zu bauen: nicht nur das Holz, das die Natur hat wachsen lassen, auch die Sägen und technischen Geräte, Leim, Schrauben und natürlich ein Fachmann, der alles zusammenbaut. Noch mehr einzelne Elemente kommen bei einem Hausbau zusammen und wer ein Haus besitzt, sorgt sich darum, es gut zu erhalten. Der Zerfall läuft unmerklich, aber unaufhaltsam ab.

Auf den Menschen bezogen ist es dasselbe: Durch Verschleiß und Alter werden alle Teile verbraucht, im Tod zerfallen sie und lösen sich wieder in ihre Grundsubstanzen auf. Das ist ein universelles Gesetz, dem niemand und nichts entrinnen kann. In diesem Bewusstsein von Aufbau und Zerfall, Entstehen und Vergehen habe ich über die Substanzlosigkeit meditiert und ließ mich ganz darauf ein. Wenn sich im Tod mein Erdelement – das Feste – auflöst, zerkrümelt und schließlich zu Erde wird, verbindet es sich mit der Erde. Wenn das Wasser aus der Leiche austritt oder beim Verbrennen als Dampf frei wird, wird es eins mit dem Wasser in der Welt. Desgleichen die Luft, die als erstes den Körper verlässt und sich mit der Luft rundherum verbindet, und die Temperatur, das Feuerelement, das aus dem Körper entweicht. Eigentlich ist es wunderschön, dass wir mit dem ganzen Kosmos, mit allem, was darin enthalten ist, so verbunden sind, gerade auch durch den Tod. Solange wir atmen, verbinden wir uns unentwegt mit dem Außen, aber im Tod wird das noch deutlicher. Was sich als Einzelwesen gebildet hat, geht wieder zurück in den Kosmos. Zu wissen und voll anzunehmen, dass dieser Körper sich langsam auflöst, erschien mir wertvoll. Mit der Auflösung des Körpers würde auch das Ich-Bild verschwinden. Da ist ein Körper, der sich auflöst, und mit ihm löst sich auch die Idee von Ich-bin und Ich-muss auf. Das war sehr befreiend und gab mir das Gefühl: „Ja, so ist es! Und so ist es richtig." Diese Erkenntnis hat mir ganz viel Klarheit und Ruhe gegeben. Das intensive Erfahren der Substanzlosigkeit in der Meditation vermittelte mir eine erweiterte Weltsicht. Ich sehe alles im Wechsel von Aufbau und Zerfall. Das erleichtert mir das Loslassen, macht mich aber auch wehmütig. Zugleich fühle ich mich mit allen Lebewesen verwandt, in einer umfassenden Liebe, die Mitgefühl und Freude über alle ausbreitet. Durch die Erkenntnis der universellen Gesetzmäßigkeiten und die Liebe zu ihrer Urkraft fühle ich mich vollkommen aufgehoben, frei von Angst. Diese Liebe öffnet mich für das Nicht-Sein.

Noch einmal zurück zur vermeintlichen Krebsdiagnose. Ein Jahr danach traf ich meinen Freund Peter Riedl, Professor für Radiologie und ehemaliger Präsident der ÖBR. Er meinte, seinem Eindruck nach hätte ich keinen Bauchspeicheldrüsenkrebs, so quicklebendig wie ich wäre. Nachdem ich bei ihm noch einmal „in der Röhre" war, führte ich mir beim Warten auf das Ergebnis beide Möglichkeiten vor Augen: Krebs ja oder nein. Mir war klar, dass ich mein Leben auf jeden Fall so gut wie möglich zu Ende führen würde. Als Peter endlich kam, meinte er: „Ich habe zwei Nachrichten für dich, eine gute und eine schlechte. Ich fange mit der guten an: Du hast keinen Krebs. Die schlechte Nachricht: Auch du wirst sterben." Wir mussten beide herzhaft lachen.

Seit der Diagnose ein Jahr zuvor hatte ich von allen Seiten liebevolle Unterstützung erhalten. Ich folgte dem Rat, eine Diät zu machen und viel Kurkuma zu mir zu nehmen, praktizierte verstärkt Yoga und lernte von Thilo Rom, einem Chi-Meister, wie wir Energien zur Heilung nutzen können. Das Stärkste, was ich von ihm gelernt habe, war der Chi-Atem, den ich fleißig übte und immer noch übe. Da ich ihn sehr stärkend finde, gebe ich ihn auch eifrig in meinen Seminaren weiter. Inzwischen habe ich mehrere Variationen des Chi-Atems entwickelt. Ich bin ganz gut darin, Gelerntes umzugestalten und an die Situation anzupassen. Als ich einmal krank im Bett lag und es mir zu anstrengend war aufzustehen, um den kräftigen Chi-Atem zu praktizieren, habe ich eine besonders ruhige Form ausprobiert: Ich liege auf dem Rücken und lege mit etwa 60 Grad abgewinkelten Oberarmen die Fingerspitzen beider Hände auf mein Herz. Mehrmals atme ich schnüffelnd durch die Nase ein, bis ich beide Arme weit ausgebreitet habe. Dann atme ich ruhig und langsam in einem Zug mit fast geschlossenen Lippen durch den Mund aus und führe dabei die Arme zurück, bis die Finger wieder auf dem Herzen liegen. Das ist beruhigend und stärkend zugleich.

Als ich nun wusste, dass ich keinen Krebs hatte, sondern lediglich einen gutartigen Tumor, kam ein merkwürdiges Gefühl in mir auf. Ich hatte mich auf das Ende eingestellt und empfand nun eine Leere. Die geistige Ausrichtung auf das baldige Ende war mir plötzlich entzogen und ich musste mich nicht mehr um das Sterben kümmern, sondern um das Leben. Und da fing die Arbeit erst richtig an! Mir war klar: „Du musst vernünftig umgehen mit der Zeit, die du noch hast." Die Frage war, wie. So habe ich zum einen von 2011 bis 2013 die Sampada-Ausbildung geleitet. Zum anderen beschäftigte ich mich weiterhin intensiv mit den großen universellen Lebensgesetzen, den drei *tilakkhana* (Daseinsmerkmalen): *anicca* (Vergänglichkeit), *dukkha* (Unvollkommenheit, Leid, Unzulänglichkeit, Fehlerhaftigkeit, Schwächen) und *anatta* (Substanzlosigkeit). Diese universellen Gesetze des Daseins zu entdecken und so klar zu formulieren, ist für mich wie ein großes Geschenk vom Buddha. Seit einigen Jahren verneige ich mich ganz tief vor dem Buddha und verbinde mich mit ihm in Ehrfurcht und Liebe.

Heute bin ich an dem Punkt zu fragen, was wohl hinter diesen großen Gesetzen steht. Wer hat sie in Gang gesetzt, sodass die Erde und die Gestirne ihnen entsprechen können? Ist das ein „Supergeist", ein Urwissen? Oder konnte alles aus sich selbst heraus entstehen? Für mich ist das, was dahintersteht, etwas, das ich auch Gott nennen könnte, ein Weisheitsgenie, eine höhere Instanz, die das Leben in dieser Weise eingerichtet hat, weil sie weiß, dass es nur so sein kann: das Geborenwerden, das Sterben, die Krankheit, die Unvollkommenheit – aber auch alle Entwicklungsmöglichkeiten. Für mich ist es eine Urnatur, eine Urkraft, die das Leben ständig erzeugt, erhält und vernichtet. In jedem Menschen ist diese Kraft als göttlicher Same vorhanden, als Schutz und Bestimmung für sein Leben. Ob wir mit diesem Samen in unserem Inneren heilsam oder unheilsam umgehen, das liegt an uns selbst. Ich kann nur voller Ehrfurcht staunen, wie weise das Leben eingerichtet ist. Vielleicht gibt es auch andere Arten von Leben. Aber die Art des Lebens, wie wir sie kennen, finde ich großartig. Ich fühle mich darin aufgehoben und gut versorgt mit allem. So kann ich auch gut den Tod annehmen, denn er gehört dazu. Die tiefe, innige Zuwendung zu diesen Gesetzen und deren Akzeptanz finde ich in einem Satz ausgedrückt, den ich einmal gelesen habe:

> „Leiden und Sterben kann uns nicht schrecken,
> weil wir tiefer zu lieben gelernt."

Das ist es, was ich weitergeben möchte: mehr im Leben zu sein, das Leben richtig zu finden, für sich und andere gut zu sorgen, das Leben zu er-leben, statt nebenher zu laufen, und Ängste zu überwinden, auch die Angst vor dem Tod. Ich selbst bin nicht frei von Angst vor dem Schmerz oder vor dem Sterben, aber ich will mich davon nicht beherrschen lassen.

Manchmal stelle ich mir die Frage, warum ich immer noch Seminare gebe, unterrichte, schreibe und ob es nicht schön wäre, wenn ich gar nichts mehr zu tun bräuchte. Aber solange ich lebe, möchte ich etwas Sinnvolles tun! Um das Gedächtnis zu trainieren, lerne ich Gedichte oder Sprüche vom Buddha auswendig. Deren Gehalt regt mich zum Nachdenken an und erfreut meinen Geist. Hinzu kommt, dass Dhammapada-Verse, die man in Pali lernt, eine andere Kraft entwickeln. Es ist, als würde dadurch ihre Essenz deutlicher spürbar. Wenn ich manchmal Schwierigkeiten habe oder sich ein Gefühl von Sinnlosigkeit regt, rezitiere ich Verse wie: „Den Dingen geht der Geist voran …" oder andere Dhammapada-Verse. Dann fühle ich, dass ich wieder ganz präsent bin. Die buddhistische Praxis hat mir in meinem Leben sehr geholfen und es ist mir ein großes Anliegen, meine Erfahrungen so lange wie möglich weiterzugeben. Ich möchte denen, die zu mir kommen, einen Weg aufzeigen, wie sie aus ihren Nöten herausfinden können, ihnen mehr Ruhe, Sinn und die Sicherheit geben, dass das Leben richtig ist und die Natur des Lebens nur so sein kann, wie sie ist. Immer wieder bekomme ich die Rückmeldung, dass ihnen hilft, was ich zu vermitteln versuche. Ich möchte ihnen auch helfen, ihre unterschiedlichen Ängste zu überwinden. Ängste aus dem Gefühl heraus „Ich mach's nicht richtig" oder „Ich kann es nicht", Ängste vor anderen Menschen, vor Krankheiten und vor dem Sterben. Das ist es, was mich leitet.

Vielleicht kommen manche zu meinen Seminaren, um sich zu vergewissern, dass ich auch noch mit über 90 Jahren klar denken, Anweisungen für die Meditation geben und die buddhistische Lehre unterrichten kann. Vielleicht wundern sie sich, dass ich Yoga anleite und immer noch selbst ausführen kann. Natürlich bin ich von den normalen Altersgebrechen nicht verschont geblieben. Aber es spielt für mich keine so große Rolle, dass ich schwerhörig bin, wackelig gehe und vielleicht ein bisschen zu deutlich meine Selbstbestimmung zum Ausdruck bringe. Es geht darum, den Verfall im Altern zu akzeptieren und die verbliebenen guten Möglichkeiten zu nutzen. Ich freue mich an kleinen und großen „Lebens-Geschenken" und bin den vielen, lieben und hilfreichen Menschen wie auch der herrlichen Natur auf dieser Erde zutiefst dankbar. Solange ich lebe, muss ich doch die Zeit vernünftig nutzen! Dazu gehört selbstverständlich auch das Meditieren. Und immer wichtiger wird mir das Bemühen darum, die Lehre des Buddha noch tiefer zu durchdringen. Der Prozess der Weiterentwicklung hört nicht auf!

Ursula am Laptop

Yoga mit Schwung

Yoga – Der Tiger

Yoga – Polsterübung

Metta – Herzensgüte

Metta, das Pali-Wort für Herzensgüte, bezeichnet eine Form der Liebe. Ayya Khema nannte sie Liebende Güte. Wenn wir gemeinhin von Liebe sprechen, meinen wir in der Regel die romantische Liebe und die erotische Beziehung. Durch die Lehre des Buddha lernen wir andere Formen des Liebens kennen. *Metta* ist nicht nur auf eine Person gerichtet, sondern weitet die Zuwendung auf alle aus. Dabei ist es unerheblich, ob uns jemand gefällt oder nicht. Alle Wesen in das gütige Wohlwollen einzuschließen, ist die grenzenlose Liebe, die an keine Bedingungen gebunden ist. Sie strahlt wie die Sonne aus unserem Herzen.

Die Herzensgüte umfasst vier Geisteshaltungen:

metta ~ Wohlwollen
karuna ~ Mitgefühl
mudita ~ Mitfreude
upekkha ~ Gelassenheit, Gleichmut

Wie alles auf der Welt das Licht und die Kraft der Sonne zum Leben braucht, so brauchen wir *metta*, es ist Leben spendend. *Metta, mudita, karuna* und *upekkha* geben uns viel emotionale Kraft, die sich positiv auf Körper und Geist auswirkt. Und, so habe ich von meiner Freundin Katja Olas, einer Immunologin, gelernt: Freude und Liebe versorgen das Gehirn mit Energie und regen die Neubildung von Synapsen an. Sie sind Hirnnahrung und tragen auch dazu bei, auf eine gute Art alt zu werden.

Buddhas Lächeln ist Ausdruck der allumfassenden Liebenden Güte, eingebunden in die ruhende Kraft des Gleichmutes. Die Legende erzählt, dass Buddha seine Mönche zum Meditieren in den Wald schickte. Doch sie fürchteten sich so sehr vor Tieren und Geistern, dass sie umkehrten. Buddha gab ihnen den Metta-Spruch „*Sabbe satta sukhita hontu* – Mögen alle Wesen glücklich sein" – als Segens- und Schutz-Mantra mit und schickte sie in den Wald zurück. Durch *metta* verbanden sie sich mit allen Geistern und Lebewesen. Sie verloren ihre Angst und konnten sich ganz der Meditation widmen.

Die Verkörperung von *metta* sind die Bodhisattvas (Pali: *bodhisattas*), Menschen, die Erleuchtung erlangten und vollkommen frei sind von Gier, Hass und Ichsucht. In ihrer unermesslichen Liebe und ihrem Mitgefühl mit allen Wesen verzichten sie auf den Übergang ins Nirwana – also auf die völlige Befreiung vom Leid –, um allen Menschen zu helfen, die sie darum bitten. Mir hat es besonders die Kuan Yin angetan, die chinesische Form dieser erleuchteten Wesen. Am schönsten finde ich die Darstellung, wenn sie aufrecht steht, in der einen Hand eine Flasche mit Heilöl, in der anderen eine Lotosblüte als Symbol der Weisheit. Ihr vorgestellter Fuß zeigt ihre Bereitschaft, sofort zu Hilfe zu eilen, wenn sie von Menschen in Not darum gebeten wird. Mit ihrem Öl salbt sie unsere seelischen Wunden und legt den Verband der Weisheit darauf, damit wir nicht mehr an den Wunden kratzen und sie wieder aufreißen. Ähnlich haben wir es in Kinderzeiten erlebt, als die Mama unser aufgeschlagenes Knie verband, liebevoll ihre Hand darauflegte und „Heile, heile Segen" sang.

In der Metta-Meditation üben wir, diese allumfassende Liebe zu entwickeln. Ich habe bei meinen verschiedenen Lehrern und Lehrerinnen viele Möglichkeiten kennengelernt und gebe sie auf meine Art weiter. Mein erster Meditationslehrer, Christopher Titmuss, unterrichtete auf Englisch, aber seine Worte für die Metta-Meditation habe ich auf Deutsch in Erinnerung: „Möge ich frei sein von Leid und Bedrückung. Möge ich zufrieden und glücklich sein." Im nächsten Schritt gaben wir diesen Wunsch weiter: „Mögen alle Wesen frei sein von Leid und Bedrückung. Mögen alle Wesen zufrieden und glücklich sein." Ähnlich wurde im Kloster Kanduboda auf Sri Lanka *metta* geübt. Der Mönch, der mich bei der Meditation anleitete, sagte, ich solle mir einen lieben Freund vorstellen, der vor mir sitzt und mir liebevoll wünscht: „May you be happy and peaceful – Mögest du zufrieden und glücklich sein." Diesen Satz sollte ich so lange im Stillen wiederholen, bis ich den Frieden spüren und sich in mir ausbreiten lassen konnte. Dann sollte ich an alle Wesen – Menschen, Tiere, Pflanzen – denken und wünschen: „May all beings be happy and peaceful – Mögen alle Wesen glücklich und zufrieden sein." Auch das galt es, eine ganze Weile zu wiederholen, damit rundherum eine Atmosphäre von Frieden und Wohlsein entstehen konnte. Schließlich dachte ich nur noch die Worte

„happy" und „peaceful" und verband sie nach einer Weile mit dem Atemrhythmus – „happy" beim Einatmen und „peaceful" beim Ausatmen. Das hat den Vorteil, dass andere Gedanken ausgeschlossen sind. Außerdem wird das friedvolle Gefühl in Verbindung mit den Worten im Atemrhythmus leichter im Gedächtnis gespeichert. Diese einfache Meditation brachte mir Ruhe und Wohlgefühl. Im Kloster wurde *metta* aber nicht nur in der Meditation praktiziert, ich bekam auch eine besondere Lektion in angewandtem *metta*: Eines Tages kam ich in meine Zelle und erschrak über eine handtellergroße, dicke, schwarze Spinne an der Wand oberhalb meiner Matratze. Natürlich wollte ich sie nicht bei mir im Zimmer haben und wandte mich an die Frau, die uns „westerners" betreute, um einen Besen zu holen. Ihre Reaktion, als ich ihr von der Spinne erzählte: „Oh, you have a spider in your room – give her Loving Kindness! This is the best you can do! – Oh, du hast eine Spinne in deinem Zimmer. Schenke ihr Liebende Güte! Das ist das Beste, was du tun kannst!" Bei allem *metta* habe ich aber trotzdem um einen Besen gebeten, mit dem ich die Spinne hinausbefördern konnte …

Ayya Khema beendete in ihren Retreats jede Abendsitzung mit einer Metta-Meditation. Sie regte an, uns an ein schönes Bild zu erinnern oder an liebevolle Worte, die uns Sicherheit und Vertrauen vermitteln sollten und unser Herz aufgehen ließen. Mithilfe solcher Vorstellungen bauten wir ein Gefühl von Wohlwollen auf, um die Herzensgüte zunächst für uns selbst zu spüren. Ein sehr eingehendes Bild, das ich gern von ihr übernommen habe, ist der Metta-Garten. Dabei stellen wir uns vor, wie wir in diesem Garten Blumen pflücken und sie jemandem dankbar und mit Wertschätzung schenken. Je mehr Blumen wir verschenken, desto mehr wachsen wunderbarerweise nach. In ihrer Herz-Meditation heißt es: „das Herz mit Vertrauen füllen und mit Liebe umhüllen". Diese Liebe, die das Herz umhüllt, hält das Vertrauen gut in ihren Händen. Danach lassen wir das Vertrauen erst zu einem anderen Menschen und schließlich zu allen Menschen strömen, damit es auch ihre Herzen füllt und mit Liebe umhüllt. Wenn ich Metta-Meditationen anleite, die ich von Ayya Khema übernommen habe, wird mir ganz warm ums Herz und ich spüre meine Verbundenheit mit ihr.

Thich Nhat Hanh, den ich mehrmals bei Wochenendkursen in Deutschland erlebte, brachte uns das Mitgefühl auf seine besondere Art nahe, alles „mit dem Herzen zu berühren", also Kontakt aufzunehmen, auch mit uns selbst und mit unseren guten Gefühlen. Aber er lehrte auch, unsere unangenehmen Gefühle zuzulassen und sie liebevoll mit *metta* zu umarmen, in dem Bewusstsein, dass wir mit all unseren Unzulänglichkeiten doch wertvoll und liebenswert sind. Beeindruckt hat mich, wie er uns lehrte, „die Erde zu berühren". In einem großen Saal saßen wir Stuhl an Stuhl, in Reihen dicht hintereinander. Wir sollten niederknien und den Boden bewusst und liebevoll mit Händen und Stirn berühren. Ich konnte mir nicht vorstellen, wie wir das in dieser Beengtheit schaffen sollten. Aber es ging! Schon immer liebte ich die Erde, aber das auf diese Art zum Ausdruck zu bringen war für mich eine neue, anrührende Erfahrung. Auch beim Abwaschen unseres Geschirrs nach dem Essen übten wir diese Achtsamkeit. Alle mussten ihren Teller selbst spülen und abtrocknen und sollten ihn dabei so sorgsam und liebevoll behandeln, als wäre er ein „Buddha-Baby". Ich bin immer eine gewesen, die gern alles schnell erledigte. Aber hier lernte ich, wie wir mit ganz alltäglichen Dingen achtsam umgehen können. Die einfache, sanfte und herzliche Ausstrahlung von Thich Nhat Hanh berührte mich tief. Alles, was er sprach und tat, war von überzeugender Selbstverständlichkeit.

Durch Jack Kornfield habe ich die Verzeihens-Meditation kennengelernt und sie dann auf meine Art ausgebaut. Auch das Verzeihen gehört zu *metta*. Wir alle haben durch andere Menschen Dinge erlebt, die uns gekränkt haben und uns nachhängen. Sie zu verzeihen, ist ein Akt der Erlösung, den nur wir selbst in der Hand haben. Und wenn wir bedenken, was wir bei anderen angerichtet haben, sollten wir auch uns selbst verzeihen. Verzeihen heißt loslassen. Wenn ich eine vergangene Geschichte zu Ende bringen und sagen kann: „Ich habe jemandem verziehen, bei dem es mir schwerfiel", ist dies das größte Geschenk, das ich mir selbst und dem Buddha darbringe. Da wir alle ein Teil der Welt sind, ist es ist letztendlich ein Geschenk, das den Frieden auf der Welt stärkt.

Bei *metta* geht es stets um die liebevolle Verbindung zu uns selbst und zu allen anderen. Um *metta* für uns selbst zu erschließen, ist es eine gute Hilfe, nicht einfach nur Worte zu denken oder zu sprechen wie: „Ich fühle mich sicher und geborgen." Ayya Khema lehrte uns, die Worte mit einem Bild zu verbinden, das die Geborgenheit veranschaulicht, zum Beispiel „geborgen wie ein Vöglein im Nest". Oder wir erinnern uns, wie wir als kleines Kind zum ersten Mal einen Menschen außer Mutter oder Vater besonders gern mochten, jemanden in einer etwas späteren Lebensphase, vielleicht die Kindergärtnerin oder die erste Lehrerin. Dieses kindliche Gefühl von Liebe und Zuwendung lebt noch in uns und indem wir es durch die Vorstellung wieder wachrufen, können wir *metta* entwickeln. Unter meinen Kursteilnehmern war einmal eine Frau, die das Gefühl hatte, es nicht wert zu sein, Liebe für sich selbst aufzubringen. Meine Frage, ob sie denn anderen Menschen Liebende Güte geben könne, bejahte sie. So schlug ich ihr vor, bei den anderen anzufangen und sie zunächst an alle Menschen auf der Welt zu schicken, dann an die Menschen in ihrer Umgebung. So sollte sie *metta* in der Vorstellung immer näher zu sich selbst bringen. Nach und nach kam sie darauf, warum sie selbst nicht darin eingeschlossen sein sollte.

Für die Metta-Meditation wähle ich oft ein Bild, das gerade zur Jahreszeit passt. Im Winter sammeln wir uns in einer warmen Hütte im Schnee und der Hüttenwirt stellt uns liebevoll etwas zu essen hin. So empfängt jeder Einzelne am Tisch Herzensgüte und kann sie an andere weitergeben. Im Sommer stellen wir uns vor, wie wir im hohen Gras liegen, in den Himmel schauen und uns am Summen der Tierchen rundherum freuen. So fühlen wir uns mit allen Tieren verbunden.

Manche meinen, sie hätten nie im Leben etwas Schönes erlebt und könnten sich nicht freuen. Bei genauerem Hinschauen gab es aber irgendwann einmal doch positive Erfahrungen in ihrem Leben, wenn vielleicht auch nur kleine Begebenheiten. Auf diesen konkreten Erinnerungen können sie aufbauen und dadurch Zugang zu ihrer Fähigkeit bekommen, auch das Gute in ihrem Leben zu sehen und anzunehmen. So war es bei einem jungen Mann, der zum Retreat kam und meinte, er hätte keine Gefühle und könnte sich nicht freuen. Aufgewachsen auf einem Bauernhof, hatte er eine harte Erziehung erlebt. In der Hoffnung, Gefühle zu entwickeln, studierte er Psychologie, aber das half ihm nicht weiter. Ich schlug ihm vor, in die Natur zu gehen und einmal an einem blühenden Strauch stehenzubleiben, die Formen und Farben der Blüten anzuschauen und sich zu fragen, ob es so nicht schöner aussähe, als wenn der Strauch kahl wäre. Dazu sollte er die Worte wiederholen: „Das ist schön. Ich freue mich daran." Mehrere Jahre kam er regelmäßig zu meinen Retreats. Bei der Stunde Mitarbeit im Seminarhaus half er in der Küche, denn er trocknete gerne das Geschirr ab. Immer war er ruck, zuck damit fertig. Eines Tages kam ich zufällig in die Küche und beobachtete eine Veränderung bei ihm: Freundlich trocknete er gerade einen Teller mit dem Tuch und stellte ihn vorsichtig ab. Im Gespräch meinte er, durch das Üben der Achtsamkeit hätte er „sanft sein" entdeckt und spüren gelernt. Als er mich zu meinem 90. Geburtstag besuchte, antwortete er auf meine Frage, wie lange er an meinen Retreats teilgenommen hätte: „Sechs Jahre – das waren meine Entwicklungsjahre." Später erfuhr ich, dass gewohnte Denkmuster wie „Ich kann keine Freude empfinden" wie Spuren im Gehirn eingraviert sind. Sie Schritt für Schritt durch positive Gedanken zu ersetzen und auf diese Weise neue Spuren zu legen, dauert manchmal lange. Durch eine solche Übung kann man tatsächlich Einfluss auf die Hirnstruktur nehmen und neue Denkmuster erzeugen, die in der Folge das Erleben verändern.

Viele haben das starke Bedürfnis, sich mit ihren Eltern oder mit Verstorbenen zu versöhnen. *Metta* an beide Eltern gemeinsam zu schicken, halte ich nicht für hilfreich, denn die Beziehungen zu Vater und Mutter sind meist sehr unterschiedlich. Ich schlage den Teilnehmenden deshalb vor, sich in ihrer Metta-Meditation zunächst auf einen Elternteil zu konzentrieren. Wenn ihnen das schwerfällt, können sie Erleuchtete wie Kuan Yin bitten, sie dabei zu begleiten. Manche wissen nicht, wer ihr Vater ist, und meinen, sie könnten ihm deshalb kein *metta* schicken. Ihnen rate ich: „Aber du hast einen Vater! Wer auch immer es ist, wo er auch sein mag, schenke ihm Liebe! Auf diese Weise bist du doch ein wenig mit ihm verbunden." Mit Verstorbenen können wir nicht mehr auf der weltlichen Ebene sprechen, aber im Geist ist das möglich. Spirituell können wir über alle Distanzen hinweg zu ihnen Kontakt aufnehmen und ihnen *metta* schenken. Wir wissen nicht sicher, ob das bei ihnen ankommt, aber warum sollten wir es nicht versuchen? Allein mit diesem Bemühen um Versöhnung tun wir etwas für unser eigenes Herz. Das habe ich in Bezug auf meine Stiefmutter selbst erlebt. In diesem Leben kamen wir in einer Konstellation zusammen, die für uns beide schwierig war. Aber meine Stiefmutter war bereit, mich und meine Geschwister in die Familie aufzunehmen, und war auf ihre Weise auch eine gute Frau. Daran konnte ich anknüpfen. Ich habe ihr *metta* geschickt und mir vorgestellt, dass wir in einer zukünftigen Wiedergeburt Freundinnen sein werden. Dadurch hat sich mein alter Kummer aufgelöst.

Der Buddha spricht auch von *metta* als herzerlösender Güte. Das ist eine Form der Liebe, die nichts erwartet, die nicht bindet, frei von Wünschen und nur zum Geben bereit ist. Dieses Metta-Gefühl ist wirklich groß und heilsam. Das habe ich erlebt, als ich nach einem Silvester-Retreat im Waldhaus zu meiner Tochter Cristina kam und mich auf die Enkelinnen

Kim und Lucy freute, damals acht und sieben Jahre alt. Eines Tages war ich mit den Kindern allein, als sie aus der Schule kamen. Nach dem Essen ermahnte ich sie, zuerst ihre Schularbeiten zu machen. Lucy hatte die Hausaufgaben schon in der Schule erledigt und verschwand mit einer Freundin zum Spielen in ihrem Zimmer. Kim nahm das Telefon, um ihre Freundin anzurufen. Ich verbot es ihr, sie wurde wütend. Als sie die beiden Freundinnen lachen hörte, stürmte sie ins Zimmer und zertrümmerte das Spiel, das sie gerade aufgebaut hatten. Die beiden stürzten sich auf sie und wollten sie zur Tür hinausbugsieren. Da schrie Kim auf – sie hatte sich den Finger eingeklemmt. Mit Mühe schob ich sie in ihr Zimmer und wollte mir ihren Finger anschauen. Aber sie wehrte sich mit Händen und Füßen, wutentbrannt schrie sie mir die übelsten Schimpfwörter entgegen. Ich schrie, dass sie damit aufhören solle, natürlich ohne Erfolg – im Gegenteil, wir steigerten uns beide nur noch mehr hinein. Mittendrin wurde mir schlagartig bewusst, wie unsinnig mein Verhalten war. Ich lenkte meine Achtsamkeit auf die Füße, auf das Spüren des Bodens, dachte „Füße – Füße" und wurde ruhig. In diesem Augenblick sah ich ein unglückliches kleines Mädchen vor mir und fühlte ihre Not. Durch die Konzentration auf die Füße kam ich zum Körpergefühl und mein Herz wurde weit. Im Stillen wiederholte ich in mehrmaligem Wechsel: „Ursula, zufrieden und glücklich" und „Kim, zufrieden und glücklich". Zusehends wurde Kim ruhiger, sie warf sich auf ihr Bett und blätterte in einem Buch. Eine Weile blieb ich noch still an der Tür stehen, bevor ich leise das Zimmer verließ. In dieser angespannten Situation wandte ich spontan eine Methode an, die dabei hilft, unheilsame Gedanken in heilsame umzuwandeln. Im Laufe der Jahre habe ich sie zur „Vier-Schritte-Methode“ weiterentwickelt. An dem Abend lief Kim mit ausgebreiteten Armen auf mich zu und rief fröhlich: „Oma! Oma!“ Das tat uns beiden gut.

„Füße – Füße“ hat übrigens einer Frau im Ferienseminar wahrscheinlich sogar das Leben gerettet. Sie war allein sehr weit ins Meer hinausgeschwommen. Plötzlich geriet sie in Panik, schluckte Wasser und war kurz davor, die Kontrolle über ihre Bewegungen zu verlieren. Da erinnerte sie sich an „Füße – Füße“, wie wir es im Kurs geübt hatten. Innerlich wiederholte sie es wieder und wieder, wurde ruhig und schwamm zurück ans Ufer. „Füße – Füße“ war, so erzählte sie uns, ihr Rettungsanker.

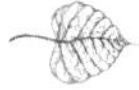

In meinen Seminaren ist *metta* ein zentrales Thema und Bestandteil jeden Unterrichts. Manche meiner Metta-Übungen gehen auf meine Lehrer und Lehrerinnen zurück, viele habe ich selbst entwickelt. Konkrete Bilder können uns Halt, Schutz und Sicherheit bieten, wie die Vorstellung einer Schutzglocke, mit der wir uns umgeben können, wenn wir in Bedrängnis sind. Auch wenn wir Worte sprechen wie bei der Zufluchtnahme zu den Drei Juwelen, kann uns das Geborgenheit vermitteln.

Jeden neuen Tag im Retreat begrüßen wir mit einem Lied, das ich mir ursprünglich für eine liebe Teilnehmerin ausgedacht hatte, eine Krankenschwester, die vor lauter Druck und Angst vor dem Arbeitstag schwer aus dem Bett kam. Ich wusste, dass sie gerne sang und wollte ihr zur Unterstützung etwas mitgeben, woraus sie morgens Kraft schöpfen konnte. So entstand das Lied „Licht vom Himmel“:

„Licht vom Himmel,
Licht für mein Herz,
Licht für alle Wesen,
Licht auf meinem Weg.“

Licht vom Himmel

Die Gesten dazu erfand ich zusammen mit meinen Enkelinnen, als sie noch sehr klein waren: Wir stellten uns ans Fenster, fingen mit erhobenen Armen das „Licht vom Himmel“ ein und führten es mit den Händen zum Herzen, weil es dort gut aufgehoben ist. Vom Herzen aus verteilten wir das Licht mit ausgebreiteten Armen an alle Wesen. Schließlich schickten wir es unseren Füßen voran, um den Weg vor uns deutlich zu sehen. Mit diesen Bewegungen erhielt das Liedchen eine aufweckende, liebevolle Gestalt. Inzwischen sind das Lied und die

Gesten zur Tradition geworden und hat sogar in Kindergärten und Yoga-Gruppen Einzug gehalten.

Vor dem Mittagessen rezitieren wir gemeinsam einen Essensspruch, um zu danken und *metta* weiterzugeben. Er entstand, als der Autor Frank Zechner und ich ein paar Jahre bei mir zu Hause in einer buddhistischen Wohngemeinschaft lebten und überlegten, wie wir uns mit *metta* auf die gemeinsame Mahlzeit einstimmen könnten:

„Ich esse diese Mahlzeit achtsam und mit Freude.
Ich danke allen, die daran beteiligt waren.
Möge die Kraft, die ich daraus gewinne,
allen Wesen zugutekommen und
möge diese Kraft mich auf meinem Weg unterstützen."

Einmal gab es zwischen uns Streit über irgendetwas, bevor wir uns zu Tisch setzten. Nun saßen wir wie immer einander gegenüber, schauten niedergedrückt vor uns hin und stocherten lustlos im Essen. Plötzlich sahen wir gleichzeitig auf, rezitierten gemeinsam diesen Segensspruch, jedes Wort mit Nachdruck betonend – und wunderten uns, dass wir uns gestritten hatten!

Einen anderen Spruch habe ich von meiner damals knapp dreijährigen Enkelin Christiane gelernt. Sie legte ihre Hände vor Stirn, Mund und Herz zusammen und sagte:

> *„Gute Gedanken,*
> *gute Worte,*
> *gutes Herz,*
> *guten Appetit"*.

Bei „guten Appetit" fassten wir uns an den Händen. Noch heute praktizieren wir in der Familie dieses kleine Ritual sogar auch dann, wenn wir im Restaurant essen gehen. Statt „guten Appetit" lassen sich passende Wünsche zu jeder Gelegenheit einfügen: guten Weg, gute Reise, guten Schlaf …

Auch meine Yogaübungen sind immer mit *metta* verbunden. Bei der Dreifachatmung zum Beispiel nehmen wir im Rhythmus der Atmung mit ausgebreiteten Armen unseren Platz auf der Erde ein, heben dann die Arme, als wollten wir mit ihnen einen Trichter formen, um alle guten Kräfte des Universums zu empfangen, und bilden schließlich über unserem Kopf einen Schutzkreis, indem wir die Fingerspitzen zusammenlegen, um unsere inneren Werte und die Buddha-Natur in uns zu schützen. Zum Abschluss legen wir die Hände auf unsere Körpermitte und sprechen im Stillen die Worte: „Ich bin bei mir." Das Aufnehmen und Abgeben der Luft beim Ein- und Ausatmen macht uns bewusst, dass wir den Atem mit allen Wesen teilen.

DIE DREIFACHATMUNG

Nach der letzten Sitzung am Abend finden wir mit einer Metta-Meditation zur Ruhe für die Nacht. Eine Teilnehmerin prägte einmal scherzhaft den Spruch: „Ohne *metta* nicht ins Betta!“ Als Ausklang singen wir, sozusagen als Gutenachtlied, „*Sabbe satta sukhita hontu*“, um dann still mit einem wohlwollenden, sanften Gefühl in den Schlaf zu gehen. So durchzieht *metta* den gesamten Tagesablauf, vom frühen Morgen bis zum späten Abend.

Sabbe Satta Sukhita Hontu

Mögen alle Wesen glücklich sein

Bei der Puja am letzten Abend des Retreats gestalten wir im Meditationsraum mit Kerzen und Teelichtern das *dhamma-chakra*. Dieses „Rad der Lehre“ geht auf Buddha zurück, der der Legende nach ein Rad mit acht Speichen in den Sand zeichnete, als Symbol dafür, dass er die Lehre der Befreiung vom Leid in Bewegung gesetzt habe wie ein Rad, das in alle Zukunft weiterrollen werde. Nacheinander zünden die Teilnehmenden die Kerzen an und nennen die Begriffe der Lehre, die sie symbolisieren. In diesem Ritual wird noch einmal alles zusammengefasst, was sie in den Tagen des Seminars gelernt und erlebt haben, damit das Rad der Lehre auch nach dem Retreat in ihrem Leben weiterrollt.

Ein Abschlussritual am letzten Tag soll unsere Verbindung mit der Lehre und untereinander stärken. Als Vorbereitung habe ich eine kleine Buddha-Figur mit einem roten Faden umwickelt, um diesen symbolisch mit Buddhas Segen aufzuladen. Der Faden wird abgewickelt und in der Runde von einer Hand zur anderen gegeben, bis alle ihn gemeinsam halten. Wir sprechen Segensworte und Metta-Wünsche aus, durchtrennen den Faden und alle binden den losen Teil als Zeichen der Verbundenheit über die gemeinsam verbrachte Zeit hinaus der Nachbarin, dem Nachbarn als Segensbändchen um das Handgelenk.

Wie in Buddhas Zeiten steht bei mir immer noch das Auswendiglernen hoch im Kurs. Was mir wichtig ist, lerne ich auswendig. So habe ich die Worte und Gedanken immer bei mir und kann mir damit helfen, wenn es nötig ist. So auch die „Meditation der Liebe“ von Thich Nhat Hanh, die ich vor fast fünfzig Jahren zum ersten Mal von einer Teilnehmerin hörte. Sie hatte längere Zeit in einem Intersein-Haus nach Thich Nhat Hanh verbracht und erzählte, dass alle in der Hausgemeinschaft wöchentlich zusammenkamen, um diese Sätze gemeinsam zu rezitieren und darüber zu meditieren. Ich bat sie, sie mir aufzuschreiben, und übernahm sie gerne für meine Kurse. Es sind Segenssätze, die die vier Qualitäten von *metta*, der Herzensgüte, in poetischer Weise ausdrücken. Als ich eines Morgens von Sorgen geplagt war, fiel mir der erste Satz ein: „Möge ich friedvoll, glücklich und gelöst sein in Körper und Geist.“ Ich sprach diese Worte wieder und wieder laut vor mich hin und die sorgenvollen Gedanken, die mich wie dunkle Wolken bedrückt hatten, lösten sich auf. Dieser Satz hilft mir immer.

Wohlwollen, Mitgefühl, Mitfreude und Gleichmut sind die vier Elemente, die allen Herzen wohltun, das Miteinander fördern und zu einer friedvollen, glücklichen Gemeinschaft beitragen. Der Erhabene sagt, die alles umfassende Liebe strahle heller als Mond und Sterne und es lohne sich, sie zu üben und im Herzen zu verankern.

Diese Liebe kann gelernt werden! Das ist Buddhas großes Versprechen.

Meditation der Liebe

Möge ich friedvoll, glücklich und gelöst sein
in Körper und Geist.

Möge ich frei sein von Verletzung und Kränkung.

Möge ich frei sein von Wut, Verstrickung,
Furcht und Ängstlichkeit.

Möge ich lernen, mich selbst mit den Augen der Liebe
und des Verstehens zu betrachten.

Möge ich fähig sein, die Samen der Freude
und des Glücks in mir zu erkennen und zu berühren.

Möge ich lernen, die Quellen von Ärger, Verlangen
und Täuschung in mir festzustellen und zu erkennen.

Möge ich erfahren, wie ich Samen der Freude
täglich in mir nähren kann.

Möge ich fähig sein, frisch, gefestigt und frei zu leben.

Möge ich frei sein von Anhaftung und Ablehnung,
nicht aber gleichgültig.

Thich Nhat Hanh

Ursulas Kuan Yin

Dhammachakra, Waldhaus, Silvester 2022

Buddha mit dem roten Faden. Der Faden wird zum Zeichen der Verbundenheit mit der Lehre und miteinander.

Schlusswort

Am Ende meines langen Lebens erfasst mich eine Welle der Dankbarkeit.

Dieses biografische Buch, das die liebe Marianne mit so viel Mühe, Einfühlungsvermögen und Hingabe geschrieben hat, schenkt mir einen Überblick über 95 Jahre Leben. Ich kann mich glücklich schätzen, so viel Zeit durch mein Alter gewonnen zu haben, dass ich mich von allen Begebenheiten und den vielen liebevollen Zuwendungen mit inniger Dankbarkeit verabschieden kann. Es ist keine Sterbenskrankheit, die mich von Verabschieden sprechen lässt, sondern die Gewissheit eines absehbaren, aber noch ungewissen Endes. Ich möchte gern beizeiten all denen meine Liebe, Freude und Dankbarkeit ausdrücken, die mir in den verschiedenen Lebensepochen begegnet sind.

Alles Bedrückende konnte ich mit Verstehen und Verzeihen regeln. Das viele Gute, das ich mit Selbstverständlichkeit entgegengenommen habe, sehe ich jetzt als kostbare Geschenke an, die mir auf meinem Weg geholfen haben, meinem heilsamen Ziel näher zu kommen. Auch meine Scham- und Schuldgefühle, verursacht durch Versäumnisse und Fehler, gaben mir Impulse zur Entwicklung auf meinem buddhistischen Weg.

Es ist mir bis heute ein Rätsel, warum sich mir so viele kluge und liebe Menschen zuwenden und mich als Lehrerin annehmen. Ich bin nichts Besonderes und lehre nur das, was jeder vernünftige Mensch eigentlich weiß und was der Buddha in seinen Lehrreden deutlich ausdrückt. Ich versuche, das Leben zu verstehen und zu fühlen; das mag in der Natur sein, in den Beziehungen zu den Menschen und in den Zusammenhängen mit unserem inneren Leben und der äußeren Welt. Großes Erstaunen erfüllt mich, wenn ich dieses ganze Weltgebilde in mir entdecke.

Vertrauen setze ich in die zukünftigen Generationen, dass sie die zerstörerischen Triebe aufdecken und erkennen, was der Natur und der Menschheit auf diesem Planeten wirklich zu einem wertvollen Dasein verhelfen kann. In diesem Sinne auch im kleinsten Bereich mitwirken zu können, dafür lohnt es sich zu leben.

Die Zeit, die mir noch bleibt, versuche ich mit Freude und Dankbarkeit zu füllen: meiner mich liebevoll unterstützenden Familie gegenüber, meinen mich begleitenden Teilnehmerinnen und Teilnehmern gegenüber und vor allem meinen Lehrerinnen und Lehrern und dem Buddha als dem uneingeschränkten Größten gegenüber, der mir immer noch Lernen und Erforschen als schönste und wertvollste Aufgabe anbietet. Mit Demut verneige ich mich vor allen und mit Staunen, Liebe und einem Lächeln vor diesem einzigartigen Leben.

Die alte Ursula,
Wien im Juni 2023

Teil III

Stimmen zu Ursula

Beiträge von WeggefährtInnen und SchülerInnen

(Die Beiträge sind alphabetisch nach Vornamen zusammengestellt, es sei denn, Autor oder Autorin wollte ungenannt bleiben.)

Kennengelernt habe ich Ursula 1987 auf einem Berg in der Schweiz im Rahmen eines Yoga-Seminars, eine Begegnung, die mich nachhaltig beeindruckt hat. Sie unterrichtet die Buddhalehre und Meditation. Besonders berührt hat mich die Metta-Meditation, die Ursula sehr am Herzen liegt. Ihre Einzelgespräche in Verbindung mit einem Spaziergang, ihre Fähigkeit zuzuhören, ihr Interesse und ihr pragmatischer Umgang mit all den vielen alltäglichen Sorgen und Nöten haben mir die Buddhalehre nähergebracht und mich neugierig auf mehr gemacht. Ursula lehrt die Buddhalehre als Lebenshilfe. Spürbar ist immer wieder ihre Liebe und Überzeugung und das große Vertrauen, mit dem sie selbst diesen Weg seit vielen Jahren geht. Ihr spürbares Interesse an Menschen, ihre liebevolle Art, das weite Herz lassen sie zu einer Wegbegleiterin für viele Menschen werden. Ihre Retreats über Silvester im Waldhaus, an denen ich teilgenommen habe, waren spirituelle

Gesamtkunstwerke. Meditation, Vorträge, tiefgründige Rituale, Heiterkeit und Stille waren erfahrbar. Eine wunderbare Möglichkeit, das alte Jahr meditativ zu beenden und dem neuen Jahr positiv entgegenzusehen. Seit über zwanzig Jahren nähren mich die Retreats mit Ursula, die mich auch lange durch meinen Alltag hindurch tragen.

Ursulas Kreativität, die Leichtigkeit, mit der sie durch die Meditation führt, der Mut, den sie macht weiterzugehen, ihr Humor haben mich auch nach den Retreats in meinem Alltag begleitet und unterstützt und durch die Aufs und Abs im Leben getragen. Ihr Verständnis für die uns allen innewohnenden Unzulänglichkeiten macht es leicht, sich ihr anzuvertrauen und sich zu öffnen. Ihr tiefes Anliegen, das Selbstwertgefühl ihrer SchülerInnen zu fördern, ist ein wichtiger Beitrag für die geistige Gesundheit. Ursulas gelebte Liebe zur Buddhalehre, ihre Freude an der Vermittlung, ihr Anliegen, andere Menschen zu unterstützen, auch ihre Fähigkeit, gut für sich zu sorgen und auch uns dazu aufzufordern, haben viele Herzen berührt.

Auch meine privaten Zusammenkünfte mit Ursula in Wien, Berlin und an anderen Orten waren freudvoll und inspirierend für mich. Ursula lebt, was sie lehrt, und was sie lehrt, ist aus einer tiefen eigenen Erfahrung heraus gewachsen. Ursula ist ein großes Vorbild für mich. Ich habe unendlich viel von ihr gelernt. Die Freude, mit Menschen zu sein, sie in ihrer Entwicklung zu unterstützen, all das lebt sie mit ganzem Herzen.

Vielen Dank für diese wunderbare Begleitung über viele Jahre hinweg!

Angelika Neumann

Ursula habe ich im Silvesterretreat 1998/99 kennengelernt. Ich hatte keine Ahnung vom Buddhismus und wollte ruhig den Übergang ins neue Jahr verbringen. Äußerlich war es wohl dann auch so, aber innerlich ging die Post ab. So viel Neues! Ich verstand höchstens die Hälfte. Doch Ursula war wunderbar. Sie machte Mut, strahlte und nahm mich so, wie ich war. Ihre Offenheit und Großzügigkeit berührten mich vom ersten Augenblick an. Sie war für mich die Mutter, die ich mir immer gewünscht hatte. Ich durfte einfach sein. Das war großartig. In meinem Elternhaus ging es sehr strikt zu. Und nun war da diese Großzügigkeit und Herzlichkeit. Ich konnte nicht genug davon haben. Sie verschenkte mit vollen Händen einfach ihre Liebe, Weisheit und Erfahrung. Ich habe unendlich viel von ihr bekommen und gelernt. Ursula vermittelte mir das Geschenk der Meditation. In jenem Jahr habe ich begonnen, regelmäßig zu meditieren. Bis heute habe ich es fortgesetzt. Dies ging nur aufgrund der Offenheit, die Ursula ausstrahlte. Doch nicht nur die Meditation lag ihr am Herzen, sondern die ganze Lehre des Buddha. Mit viel Humor und gleichzeitig Ernsthaftigkeit gibt sie die Lehre weiter, die tröpfchenweise immer tiefer in mich drang. Was für ein Segen!

So sind viele Jahre mit Ursula vergangen. Ich spüre eine große, tiefe Dankbarkeit. Sie hat in mir sehr viele Heilungsprozesse ausgelöst. Nicht immer konnte ich diese Dankbarkeit spüren. Eine Zeitlang war ich auch sehr kritisch mit ihr. Doch das war wohl notwendig, um eine erwachsene Beziehung mit ihr und zu ihr zu entfalten. Die ganze Zeit über verschenkte sie, was sie geben konnte, in aller Selbstverständlichkeit und Freigebigkeit. Sie stand immer zu mir. So etwas erleben und erfahren zu dürfen, ist ein unbeschreibliches Geschenk. Heute genieße ich die vielen großen und kleinen Begegnungen mit ihr. Sie ist in mich hineingewachsen mitsamt der Lehre des Buddha. Für mich ist das etwas ganz Besonderes in meinem Leben, ihr begegnet zu sein. DANKE!!! Das Leben hat es gut mit mir gemeint.

Du, immer dabei
offen für alles
um keine Unterstützung verlegen
Ursula

Schülerin von Ursula

Liebe Ursula,
herzlichen Dank für Deine Fragen, Dein Infragestellen, Dein Hinterfragen, Dein Befragen, Deine Anfragen, Dein Erfragen, Dein Ausfragen, Deine Nachfragen, Deine Rückfragen und Deine Gegenfragen. Ja, das sind lebendige Erinnerungen an Deine Fragen. Das schaffte Neues, stellte Altes in Frage! Mit Liebe und Geduld, Ruhe und Achtsamkeit und mit Respekt! Wunderbare, erkenntnisreiche Gespräche. Ich genoss sie, sog sie in mich auf. Tauchte ein, in eine Welt neu erschaffener Möglichkeiten. Kreiert in unserem Kontakt. Voller Dankbarkeit und Würde!

Danke für Dein Dasein und Dein Wirken!

In Verbundenheit
Dr. Aurel Dreber

Liebe Ursula, liebe Freundin, verehrte Lehrerin!
Mit großer Freude im Herzen schreibe ich diese Zeilen, erfüllt von dem Reichtum, den ich durch Dich erleben durfte und der mein ganzes Leben prägt.

Angefangen hat alles in Kirchheim. Du hast die Familie Hegemann besucht. Ich erinnere mich genau, wie Du am großen Esstisch gesessen hast, ich hielt meine kleine Tochter Katharina als Baby in den Armen, das ist 36 Jahre her! Du erzähltest von liebender Güte für alle Wesen, Metta. Das hatte ich vorher noch nie gehört und es war so einleuchtend! Von diesem Moment an wollte ich mehr über den buddhistischen Weg wissen und Meditation üben. Und so bin ich zu Schweigeseminaren im Waldhaus und in Scheibbs zu Dir gekommen. Nicht regelmäßig, aber tief verbunden. Mein Weg, meine Ausrichtung war durch Dich gesetzt und bis heute bin ich glücklich, dankbar und erfüllt von diesem Reichtum, der durch dein Lehren entstanden ist. Alle meine SchülerInnen kennen Geschichten über Dich, die ich ihnen erzähle – voll Wertschätzung und Bewunderung. Und Deine Inspiration wächst weiter – in mir und allen, die mit Dir unterwegs sind.

Nicht vergessen möchte ich die schöne Tradition, uns in Kreuzau zweimal im Jahr zu viert zu treffen, mit Cristina und Katharina. Das sind besonders schöne Stunden.

Was bleibt zu sagen? Danke! Danke! Danke!

Von Herzen
Birgit Hegemann

Meine Begegnung mit Ursula liegt schon ziemlich lange zurück – so etwa gut zwanzig Jahre. In einer Yoga-Gruppe erzählte eine Teilnehmerin, dass es da in Scheibbs (Niederösterreich) ein buddhistisches Zentrum gäbe und sie dort ein wundervolles Seminar besucht hätte. Mein Kontakt mit der Buddha-Lehre beschränkte sich damals auf die Lektüre des Buches „Das tibetische Buch vom Leben und vom Sterben" von Sogyal Rinpoche, das ich in einigen Nächten ausgelesen und das mein Interesse für Meditation und Buddhismus geweckt hatte. Also bestellte ich das Seminarprogramm des Buddhistischen Zentrums Scheibbs – auf Papier, versteht sich, Internet und Webpages waren damals ja noch nicht weit verbreitet. Das Seminar von Ursula „Meditation und Yoga" ist mir beim Durchsehen des Programms sofort aufgefallen. Yoga kannte ich, Meditation wollte ich versuchen und eine Frau als Seminarleiterin, die mitten im Leben stand, war perfekt für mich. Seither besuche ich jährlich mindestens ein Retreat bei Ursula, habe bei ihr die Sampada-Ausbildung gemacht und vertrete sie regelmäßig bei der „Mittwochs-Meditation" im buddhistischen Zentrum in Wien.

Meine Begegnung mit Ursula war also durchaus fesselnd – oder besser gesagt: nachhaltig. Es geht ja nicht um Anhaften und Festhalten, sondern es hat viel von Befreiung, Wachstum und Entwicklung. Diese Offenheit für das Leben, mit all seinen Verwirrungen und Großartigkeiten, gewürzt mit einer guten Portion Humor – manchmal auch Selbstironie, aber immer getragen von tiefem Mitgefühl und liebevoller Güte war es wahrscheinlich, was mich so angesprochen hat und anspricht. Auch sich selbst nicht so furchtbar ernst zu nehmen, sich nicht zu sehr mit seinem „Ich" und seinen Rollen zu identifizieren, daran zu haften und dadurch unter Umständen Leiden noch zu vermehren, waren für mich wichtige Lernschritte.

Ursulas Ausspruch, sie sei ein großer Fan der Unvollkommenheit (der mir noch aus dem ersten Seminar in Erinnerung ist) trifft es wohl ziemlich genau. Auf den ersten Blick scheint es ein Widerspruch zu sein zu dem rechten Bemühen/der rechten Anstrengung, wie sie im Edlen Achtfachen Pfad angeführt ist, doch es geht ja um die RECHTE Anstrengung. Eine Anstrengung, die Fehler zulässt, getragen ist von Mitgefühl und zu Freude und Freiheit führt. Diesen Weg hat mir Ursula aufgezeigt und sie ist mir eine wichtige Wegbegleiterin geworden.

Brigitte Hahn

Vergangen ist die Zeit im Flug,
schön war die Zeit mit Ursula im Seminar!
Wir haben meditiert, Vorträge angehört,
schöne Gespräche auch geführt!
Geweint und auch gelacht,
doch über all den Dingen hat
Buddhas Hand uns auch bewacht!
Mein Dank für diese Zeit wird ewig bleiben,
geborgen in der Lehre den Lebensweg zu gehen,
bis es dann heißt,
vielleicht gibt es ein Wiedersehen!!!???

Deine Christa Schoefbeck

„Heilsam und unheilsam" waren die neuen Zauberworte, die mir durch Ursula geschenkt wurden. Sie geben dem täglichen Leben eine ganz andere Ausrichtung als das übliche „angenehm und unangenehm".

Bevor ich zu Ursula kam, hatte ich jahrelang bei Hannes Huber das Silvester-Seminar besucht. Ich fragte ihn, ob er mir eine Veranstaltung im Herbst empfehlen könne. Er meinte: Ursula Lyon in Scheibbs! Das war der Einstieg in ein jahrzehntelanges Training in Achtsamkeit und Sammlung. Bei den zehnminütigen Einzelgesprächen stellte sie mir da und dort nur EINE Frage – und die traf zumeist ins Schwarze.

Liebe Ursula! Ich danke Dir für Deine Weisheit, Dein Lachen und Dein Vorbild-Sein im Alter.

Christine Rohr

Zu Ursula bin ich eigentlich durch Bhante Seelawansa Thero gekommen, den ich bei einer Fortbildung für katholische Religionslehrer kennengelernt hatte.

Ursula besuchte ich viele Jahre bei ihren Sonntagsseminaren in Wien. Was mich an ihr besonders beeindruckt, ist die Freude und Hingabe, mit der sie die Lehre Buddhas weiterzugeben versteht. Diese Sonntagvormittage werden mir immer in Erinnerung bleiben. Die Sitz- und Gehmeditationen, das gemeinsame Singen, die Vorträge, die Pausen mit anregenden Gesprächen zwischen den Teilnehmern, die Feiern für die Geburtstagskinder, die feierlichen Segenszeremonien, all das hat sie mit großer Liebe gestaltet. Ihre Vorträge, eine Mischung aus

Wissen und ihrem persönlichen Erleben dieses Weges, habe ich als sehr lebendig empfunden. Besonders wertvoll sind mir ihre „spirituellen Lieder", die ich immer wieder gerne höre, da sie sowohl vom Text als auch von den Melodien her sehr einprägsam sind und in einfacher und verständlicher Weise die wichtigsten Inhalte vermitteln.

Besonders froh bin ich auch über ihre YouTube-Beiträge als „Buddha Oma", da man dadurch die Möglichkeit hat, an jedem Ort und zu jeder Zeit mit ihr geistig in Kontakt zu treten und sich von ihren Gedanken in allen möglichen Situationen inspirieren zu lassen. Somit möchte ich mich für alles, was ich von ihr lernen und durch sie erleben durfte, von ganzem Herzen bedanken.

Franz Ungerhofer

Es war 1984 oder 1985, das weiß ich nicht mehr genau. Ich war damals sehr deprimiert, fand keinen Sinn mehr in dem Leben, das ich führte, und versuchte, diese Verzweiflung und Sinnlosigkeit mit Alkohol und Zigaretten zu kompensieren. Einmal, bei einer Party, sprach jemand über Yoga und über die tolle Wirkung dieser Übungen im täglichen Leben. So ging ich zum ersten Mal mit ins Buddhistische Zentrum am Fleischmarkt und traf da Ursula. Während der ersten drei bis vier Jahre war Yoga für mich einfach eine Beschäftigung wie viele andere. Aber allmählich, durch die Vorträge von Ursula, die Konzentration in den kurzen Meditationen am Ende jedes Kurses, gewann es für mich eine andere Bedeutung. Ich fing an, mich mit Buddhismus zu beschäftigen, und irgendwann merkte ich, wie wichtig das Meditieren in meinem Leben geworden war. Jetzt, nach so vielen Jahren, gehe ich noch immer regelmäßig ins Zentrum am Fleischmarkt, es ist eine Art zweites Zuhause geworden.

Vielen Dank, Ursula, Deine aufbauenden Worte haben ganz sicher damals mein sinnloses Leben in eine richtige Richtung gelenkt. Inzwischen sind wir gute Freundinnen geworden und ich freue mich immer sehr, wenn wir zusammen spazieren gehen oder Blumen für Deinen Balkon kaufen.

Ginette Bazin

Liebe Ursula,
treue und weise und gütige Wegbegleiterin!

Zu den großen Geschenken in meinem Leben zählt, DIR BEGEGNET ZU SEIN. Seit 1986 kennen wir uns und du warst die (fast) einzige Frau, der ich je vertraut habe.

DU BIST ECHT, du bist ein ehrlicher, humorvoller Mensch voller Einsicht und Freundlichkeit. Du bist kein Monument, du bist eine kluge, liebevolle und wunderbar (un)vollkommene Person, die NIE stehengeblieben ist, sich nie verhärtet hat, DU LEBST BHAVANA!

Egal, in welch wirren, stürmischen und undisziplinierten Stadien ich mich je befunden habe, DU HAST IMMER EIN OFFENES, FREUNDLICHES HERZ für mich gehabt, ebenso wie für so viele „schwierige TeilnehmerInnen".

Gerade von dir, die keine Lehrerin sein will, KANN MAN

WIRKLICH LERNEN! Ich bin überzeugt, dass man nur so sein kann wie du, wenn man eine innere Beziehung zum göttlichen Kern des Universums hat, zum leuchtenden Glanz der fundamentalen Buddha-Natur, zum Juwel in der Lotusblüte, das jenseits der Bilder, Worte, Begriffe … liegt. Dein Sein in der Welt lässt etwas davon an andere weitergehen – und ANKOMMEN!

Ursula, du bist ganz einfach lieb, der gütigste Mensch, den ich (auf dieser Welt) kenne, und du verbindest dies mit Weisheit und innerer Freiheit und Klarheit. UND DU KANNST SO WUNDERBAR ÜBER DICH SELBST LACHEN.

Möge alles Gute, das du tust, zu dir zurückkehren.

In Liebe
Dr. Gloria Pettermann

Eine jung gebliebene „alte Ursula“
Der 95. Geburtstag von Ursula Lyon gibt uns die Gelegenheit, ihr zu zeigen, wie wir zu ihr stehen, was sie für uns bedeutet und woran sie uns erinnert.

Ich sitze gerade im Buddha-Haus in Ayya Khemas Zimmer und das ist sicher für Ursula und mich die bedeutendste Erinnerung. Ohne diese wäre unsere Freundschaft nicht entstanden. Ursula und ich und auch Roland Nyanabodhi haben in Scheibbs unseren ersten Kurs bei Ayya Khema besucht. So sind wir uns begegnet und im „Schweigekurs“ haben wir uns kennen, schätzen und lieben gelernt. Und sind uns dann immer wieder begegnet – bis heute.

Ich habe von Anfang an die ruhige, klare und gradlinige Art von Ursula sehr geschätzt, sodass ich schon 1987 bei ihr in Scheibbs einen Yoga-Kurs mitgemacht habe. Dies auch, weil sie von Ayya Khema zum Lehren beauftragt wurde. So verdanke ich Ursula, dass ich bis heute Yoga übe und es auch in meinen Kursen integriere.

Für mich ist bemerkenswert, dass Ursula und ihr Mann Jesse immer wieder bei besonderen Ereignissen entscheidend beteiligt waren: im Buddhistischen Zentrum am Fleischmarkt in Wien, bei der Gründung der ÖBR, die zur Anerkennung der buddhistischen Religion in Österreich führte, oder auch bei der Gründung vom Waldhaus am Laacher See und nicht zuletzt im Buddha-Haus, das Ayya Khema im Allgäu gründete. Wir von der DBU (Deutsche Buddhistische Union) in Deutschland haben da oft etwas „neidisch", aber doch mehr bewundernd hingesehen, denn der Buddhismus ist bis heute als Religion in Deutschland nicht anerkannt, obwohl er zu den fünf großen Weltreligionen zählt.

Als wir 1989 das Buddha-Haus eröffnet haben, war Ursula nach Ayya Khemas erstem Kurs unser Gast und hat sich am 06.06.1989 ins Gästebuch eingetragen. Sie lehrt bis heute im Buddha-Haus Allgäu und München. Es beeindruckt mich immer wieder, auch heute noch Ursulas Lehrprogramm zu sehen. Von Berlin übers Waldhaus am Laacher See, Haus Engl in Bayern usw. bis hin nach Griechenland – ein beachtliches Programm für eine „alte Ursula" – wie sie selbst über sich zu sagen pflegt. Apropos, hier habe ich einen kleinen Einspruch, liebe Ursula: Du magst reif an Jahren sein, doch gerade Dein immer jung gebliebener, frischer Geist steckt heute noch die Menschen an, die Dir begegnen. So lese ich im Münchner

Merkur vom 07.10.2022: „[...] Ursula Lyon lehrt Meditation und Sampada-Yoga. Eine einzigartige Frau: 94 Jahre alt, ist ihr Zugang zur Selbstliebe und Selbst-Achtsamkeit ein lebensbejahender und humorvoller, voll Herzensgüte."

Ich durfte das immer wieder erleben, wie z. B. 2016 in Wien, als wir dort das European Buddhist Teachers Meeting hatten und Du mit all den Lehrern Yoga machtest und auf Deine unnachahmliche Weise Austausch mit uns geführt hast. Auch jetzt gerade, im Dezember 2022 wieder, als wir uns in Wien getroffen haben, durfte ich „live" miterleben, mit welch klarem Geist und Dhamma-Kraft Du das „Bodhisattva"-Ritual mit den Menschen gelebt hast. So zuletzt auch bei einer Schülerin und langjährigen (ca. 20 Jahre) Yogalehrerin, der ich erzählte, dass ich Ursula in Wien besuchte. Diese erzählte mir, dass sie Dich auch kennt und bei Dir war und Dir sehr dankbar ist. Es freut mich sehr, immer wieder zu beobachten, mit welcher Wertschätzung die Menschen Dir begegnen.

Liebe Ursula,
zu Deinem Geburtstag alles Gute und nach Deiner Genesung weiter Gesundheit und Schaffenskraft. Und mögest Du als *Kalyanamitta* noch viele Menschen begleiten und inspirieren. Möge Dein Stern weiter leuchten und mögest Du vom Dhamma beschützt sein. Danke für Dein Sein und Deine Freundschaft. Aus der Tiefe meines Herzens Dein Heinz, ganz privat

Dies gilt auch natürlich fürs ganze Buddha-Haus.

Heinz Roiger
Vorsitzender des Vorstands des Buddha-Haus Vereins

Alles begann im Bali Mandala

Es war vor dreizehn Jahren während eines erfüllten Urlaubs in Bali. Wir (meine Frau und ich) saßen abends mit unserer Reiseleiterin im Mandala Resort auf der Terrasse mit Blick auf das Meer und sprachen über Buddhismus und Yoga. Wir hatten uns bis dahin nur theoretisch durch Bücherlesen mit Buddhismus beschäftigt. Da erzählte uns unsere Reiseleiterin von einer Ursula Lyon, die seit Jahren ihre Lehrerin sei, wie Ursula lehren würde und wie sie auf einmalige Weise Yoga und die buddhistische Lehre verknüpfen würde. Wir waren sofort elektrisiert von diesen Erzählungen und entschlossen uns, baldmöglichst zu einem Retreat von Ursula zu gehen. Es gelang uns mit Glück, gleich das nächste Neujahrsretreat im Waldhaus besuchen zu dürfen. Im Retreat hatte dann Ursula in sehr kurzer Zeit unsere Herzen gewonnen. Ich kann mich noch genau an den Moment bei ihrer ersten Lehrrede erinnern, in dem sich mein Herz für den Dhamma öffnete, in dem der Prozess begann von der angelesenen Theorie zum tatsächlichen Verstehen und Erkennen. Am Ende dieser ersten Lehrrede von Ursula sagte eine neben uns sitzende Frau: „Jetzt endlich habe ich es richtig verstanden und werde nun diesen Weg gehen." Das Gleiche dachten wir in diesem Moment auch. Seitdem sind wir mindestens einmal im Jahr bei einem Retreat von Ursula. Durch Ursula hat sich unser Leben verändert. Wir leben bewusster, zufriedener und gelassener. Ich habe u. a. gelernt, mich mit der Endlichkeit und dem Sterben zu beschäftigen. Ursula ist ein großes Vorbild für uns – auch und gerade was den Umgang mit Leid und Tod betrifft.

Die allermeisten Retreats, die wir besucht haben, fanden im Kloster Kirchberg statt. Dieser Ort der klösterlichen Zurückgezogenheit und gleichzeitigen Fülle ist der wichtigste Ort unseres spirituellen Werde- und Reifeprozesses geworden. Dort machen wir kostbare Erfahrungen und es werden uns immer wieder Einsichten geschenkt, die uns mit großer Dankbarkeit erfüllen. Mir wurde plötzlich bewusst, dass ich – ein Ingenieur – in Ursulas Gegenwart auch Gedichte schreiben kann und damit zum Teil auch meine Meditationserfahrungen für mich festhalten kann. Hier ein Beispiel:

> Die Weite in Dir
> Wenn Du fühlst
> wie Dein Herz unendlich weit wird
> und sich in das ganze Universum hinein öffnet,
> wenn Du diese Weite in Dir fühlst,
> dann ist alles in Dir und Du in Allem.

In einer langen Meditationsnacht konnte ich im Kloster auch Frieden mit meinem (verstorbenen) Vater schließen. Mein Vater war ein Kriegsverbrecher, der im Zweiten Weltkrieg in Russland als SS-Soldat aktiv und freiwillig an Massenerschießungen teilnahm und seine Verbrechen nie bereute. Auch dies verdanke ich Ursula.

Die persönlichen Gespräche mit Ursula über unsere Meditationserfahrungen waren und sind kostbar und für uns unersetzlich. Es ist wahrscheinlich ein Zufall, dass wir nahezu im gleichen, bereits reifen Lebensalter zum Buddhismus gestoßen sind wie Ursula, und dass auch wir in unseren Biografien eine lange aktive Geschichte in der christlichen Kirche haben. Meine Frau hat sogar den gleichen Beruf wie Ursula. Diese Gemeinsamkeiten und die damit gemachten Erfahrungen schaffen eine wunderbare Grundlage für ein gemeinsames

Verständnis. Ursula ist und bleibt uns Vorbild und Kraftquelle für unser Leben.

Bei unserem letzten Retreat im Kloster Kirchberg verabschiedeten wir Ursula in der Gruppe mit den folgenden Worten: „Ursula, du bist einmalig. Dich gibt es nur einmal. Das gilt – ja, wir wissen es von dir – für jeden von uns. Aber du bist da doch irgendwie eine Ausnahme – eine Obereinmalige sozusagen. Es gibt wohl im gesamten deutschsprachigen Raum niemanden außer dir, der

- den Dhamma und Yoga zusammen so harmonisch und ganzheitlich vermittelt
- den Dhamma so verständlich und lebensnah lehrt und dabei so humorvoll ist
- deinen Schülern gegenüber so offen, nah und menschlich natürlich ist
- so viel auswendig kann
- und dies seit so vielen Jahren und bis in ein so hohes Alter.

Du bringst uns in jedem Retreat aufs Neue weiter auf unserem Weg. Du erreichst dabei unsere Herzen und unsere Muskeln. Du inspirierst uns durch deine Weisheit, dein Wissen, deinen Humor und dein Vorleben der Lehre. Du hilfst uns auch, in uns verborgenes Leid auszugraben und zu heilen – und zwar immer wieder anders und neu. Du segnest nicht nur uns, sondern du bist auch gesegnet. Wir sehen voller Respekt, Hochachtung und Zuneigung, welchen Elan, welche Neugier und Lebensfreude, ja Lebenslust du immer noch hast. Du lebst uns ein glückliches Leben vor und das ist uns großer Ansporn und Inspiration. Danke, dass du für uns da bist. Mögest du zufrieden und glücklich sein." Als ich einmal einem Mitglied unserer Meditationsgruppe von Ursula erzählte, fragte sie mich: „Du erzählst so bewegt und liebevoll von deiner Lehrerin. Kann es sein, dass du sie liebst?“ Ich staunte zunächst über diese Frage. Dann aber konnte ich voller Freude antworten: „Ja, das tue ich.“

Schüler von Ursula

Liebe Ursula, meine Herzens-Lehrerin,
zum Jahreswechsel 1996/97 habe ich Dich im Waldhaus kennengelernt. Das war mein drittes Retreat und ich wusste genau, wie das zu sein hatte. Aber hier fehlte der Tischspruch, die Menschen liefen nicht heilig genug herum ... Und dann hat mich Deine Art zu lehren so begeistert, dass ich Dir in 1997 zu allen Retreats nachgereist bin. Es war durch äußere Umstände ein herausforderndes Jahr für mich und ich danke Dir sehr für Deine Begleitung.

In den Folgejahren bis heute haben wir viele Jahreswechsel gemeinsam im Waldhaus „gefeiert“. Für mich herausragend sind Deine Toleranz, Herzlichkeit und Dein Humor, die mir ein Vorbild in meinem Leben sind. Du hast bei Störungen der Abläufe während der Schweigeretreats die Reflexion in beide Richtungen geboten: Hinweis auf eventuell heilsameres Verhalten und die Störungen als Angebot sehen, Toleranz, Mitgefühl und Herzensgüte zu üben ... Immer in Angebotsform, die Reflexion und Erkenntnis mir/uns überlassend. Danke dafür.

Deine Jahreswechsel-Retreats waren ja etwas tückisch durch die Pause zwischen später Puja am 31. und erster Sitzung am

Nachmittag des Neujahrstags. Häufig war auch das Schweigen unterbrochen. Und so war es in einem Jahr, dass ich während einer Vipassana-Romanze (wer's nicht kennt, dem/der erkläre ich es gerne) auf Resonanz traf. Und wir fanden uns in unserer Verständigung und herzlichen Umarmung mitten in der zweiflügeligen Tür zum Meditationsraum. Offensichtlich führte das zu Unmut von anderen und dann in der Folge in Deiner Abendansprache zu einer meines Erachtens amüsierten Bemerkung, die ich so erinnere: „Es ist doch erstaunlich, dass die Menschen, die sich finden, sich mitten in den Weg aller anderen stellen. Das scheint ein Naturgesetz zu sein. Gönnen wir ihnen ihre Freude, wir wissen ja, dass auch das vergänglich ist." Ja, Du bist kein Kind von Traurigkeit, bei Dir können wir Lebensfreude lernen.

Ein weiterer Aspekt, den ich sehr an Dir wertschätze, ist Deine Flexibilität, mit Unvollkommenheiten umzugehen ... So bist Du ja eine Freundin von Ritualen und da habe ich öfter mit meiner Ansage: „Hänge nicht an Regeln und Riten" gekämpft. Was ich jedoch in meiner Reflexion gelernt habe: Offensichtlich neigen wir dazu, unserer Verehrung würdigen Ausdruck zu verleihen. Daraus entstehen dann Rituale. Nicht daran zu hängen, so wie ich es in Deinen Beispielen, Ursula, kennengelernt habe, bedeutet, kreativ mit den Formen und Inhalten umzugehen. So war bisher keine Puja zum Jahreswechsel wie die andere. Du hast klare Vorstellungen, wie etwas zu sein hat – für mich der Aspekt von Willenskraft, die Du ohne Zweifel besitzt. Und du bist in der Lage, diese Vorstellungen sofort fallen zu lassen, wenn die Bedingungen etwas anderes erfordern – für mich gelebtes Einverständnis in Unvollständigkeit und Vergänglichkeit. Das führt zu dem nächsten Vorbild-Aspekt, nämlich tätig sein, so gut und so lange ich es vermag – das lebst Du mit Freude und Willenskraft.

Ursula, mit diesen Zeilen feiere auch ich Dein vollendetes 95stes Lebensjahr. Ich freue mich ganz eigennützig, dass Du schon so lange hier bist, und ich freue mich genauso eigennützig, wenn Du mir/uns noch möglichst viele Jahre erhalten bleibst. So wünsche ich Dir, dass Du bis zum letzten Atemzug den Weg der Leidfreiheit gehen kannst.

Herzlich
Dein Julius Schlosser

Ich sah Ursula zum ersten Mal im Buddhistischen Zentrum am Fleischmarkt in den 1980er Jahren – damals noch nicht „die Ursula", eher im Schatten ihres Mannes. Zum zweiten Mal traf ich sie Jahrzehnte später: Nach einer Sterbebegleitungskarenz für meine geliebte Mutter wandte ich mich Kraft und Trost suchend erneut dem Buddhismus und der Meditation zu. Ich buchte Yoga-Meditations-Seminare in Andalusien, das erste mit Ursula, das zweite mit einem anderen Leiter – aber schon nach wenigen Tagen buchte ich um und blieb auch zum zweiten Seminar bei Ursula. Ihre Art, Buddhismus und Meditation zu unterrichten und mit besonderen (z. T. von ihr entwickelten) achtsamen Yogaübungen zu kombinieren, waren einzigartig: die großen buddhistischen Weisheiten und Lehrreden, tiefgründig und gleichzeitig mit Humor und Leichtigkeit und so lebensnah vermittelt … Hätte ich mir die Wege, mit unheilsamen Gedanken umzugehen, so für immer gemerkt, wenn wir sie damals nicht in einer Art Pantomime dargestellt hätten? Und ihre Herzlichkeit und ihr Verständnis, mit denen sie den Teilnehmern zur Seite stand … Jeder durfte sie um Gespräch und Rat auch in persönlichen Fragen bitten und von ihrem großen Schatz an buddhistischem Wissen und eigener Lebenserfahrung und -weisheit profitieren. Und was mich als Wissenschaftlerin besonders berührte, waren ihr Interesse und ihre Neugier, die Ursula meinen Anmerkungen über den Einfluss der buddhistischen Methoden auf unser Gehirn/ Nerven- und Immunsystem, sozusagen Buddhismus aus der Sicht der Neurowissenschaften, entgegenbrachte!

Mit einem Wort, ich wurde zum Ursula-Fan und das Seminar in der Casa zum ersten einer ganzen Reihe. In den Jahren danach folgte ich Ursula zu Seminaren nach Spanien, in die Türkei, nach Griechenland, Windischgarsten, zu Schweige-Retreats nach Scheibbs und in den Chiemgau, sowie zu Tagesseminaren und Yoga-Meditationsstunden im BZ Wien. Und ich bewundere unendlich Ursulas innere Kraft und Begeisterung, mit der sie auch mit 95 Jahren weiterhin Dharma und Yoga unterrichtet und so mir, wie so vielen Menschen, zur unendlich wertvollen Lebens-Weg-Begleiterin wurde.

DANKE, liebe Ursula!

Dr. Katarzyna „Katja“ Olas

Meine erste Begegnung mit Ursula

Ich hatte Ursula bei einem Yoga-Kongress schon mal gesehen, aber nicht gesprochen. Nachdem mein Mann durch einen Unfall gestorben war, war ich voller Trauer. Ursula leitete einen Ferienkurs auf Lesbos und mein Sohn meinte, es würde mir guttun, daran teilzunehmen. Also flog ich nach Lesbos, kam aber erst spät in der Nacht im wunderschönen Seminarort „Karuna“ an. Ich sollte mit Ursula zusammen im ehemaligen Pförtnerhaus des Anwesens wohnen, also klingelte ich am völlig dunklen Haus. Nach mehreren Versuchen regte sich drinnen etwas, ein schwaches Licht ging an und Ursula erschien im langen Nachthemd und mit Schlafhäubchen, ein bisschen wie Oma. Sie war nicht unbedingt gesprächig und mir war es auch recht, nach der langen Reise ins Bett zu kommen. Am nächsten Morgen stand Ursula frisch und munter auf der Terrasse und holte eine herzliche Begrüßung nach. Wir hatten eine gute Zeit mit vielen Gesprächen, die mich trösteten. Ursula hatte auch erst kürzlich ihren Mann verloren und konnte meine Trauer teilen. Lesbos hat uns beiden gutgetan: Sonne, Meer, die schöne Umgebung. Wir sind viele Jahre dorthin gekommen und aus der wunderbaren Lehrerin wurde eine liebe Freundin, der ich herzlich verbunden bin.

Eine kleine Begebenheit mit Ursula

„Zum Donnerwetter nein, lass mich endlich mit deiner warmen Plörre in Ruhe.“ Ursula war sichtlich genervt und nun war ihr „der Kragen geplatzt“. Seit Beginn des Silvester-Kurses wurde sie von einer Teilnehmerin – nennen wir sie Julia – gedrängt, doch unbedingt lauwarmes Wasser zu trinken. Julia war Heilpraktikerin und wusste alles besser. Sie war eine bezaubernde Frau, aber sie ging uns allen mit ihren gutgemeinten, aber ungebetenen Ratschlägen auf die Nerven. So auch Ursula: Zunächst lehnte sie das lauwarme Wasser freundlich ab, aber da Julia nicht nachließ, Ursulas frisches, kaltes Wasser gegen handwarmes auszutauschen, war es am Silvestertag soweit: Ursula machte ihrem Ärger deutlich Luft, und das vor der ganzen Gruppe. Julia war untröstlich – sie hatte es doch nur gut gemeint! Dass ihre verehrte Lehrerin so mit ihr umsprang und dass sie vor der ganzen Gruppe zurechtgewiesen worden war, machte sie sehr traurig. Sie zog sich gekränkt zurück. Am Abend sollte der Jahreswechsel gefeiert werden. Alle waren in feierlicher Vorfreude versammelt. Aber Ursula begann noch nicht mit der Feier: Sie wolle zunächst noch etwas „in Ordnung bringen“– so, mit dem Wissen, jemandem wehgetan zu haben, wolle sie nicht ins neue Jahr gehen. Sie entschuldigte sich sehr liebevoll bei Julia und dankte ihr für die gute Absicht. Julia war getröstet, vor Rührung flossen ihr die Tränen. So war es ein ganz besonderes Silvesterfest geworden. Wir hatten Ursulas Großherzigkeit erlebt und Julia hatte gelernt, ihre Hilfe nicht unaufgefordert aufzudrängen.

Katharina Hegemann

Ich bin vom Glück begünstigt. Ein roter Faden, der sich durch mein Leben zieht, ist jener, den ich schicksalhafte Begegnungen nennen möchte. Der erste Mensch, der mir in diesem Zusammenhang einfällt, ist eine junge Frau, die nach unserem Kennenlernen immer wieder betonte, dass sie mich für eine Person mit Tiefgang hält – wie sie das nannte. Das kam zur richtigen Zeit, denn von Lehrer:innen und Eltern bekam ich damals stets vermittelt, ich sei unreif und kaum fähig, mich ernsthaften Themen zu widmen. Sie war jemand, der schon in meinen frühen Jahren an mich geglaubt und mich motiviert hat. Dafür bin ich ihr heute noch dankbar. Es folgten weitere Menschen, die eine ähnliche Funktion übernommen haben und zur richtigen Zeit in meinem Leben eine Botschaft für mich hatten. Um hier einige Beispiele zu bemühen: ein Vorgesetzter in dem Hotel, in dem ich meine Lehrzeit absolviert habe; eine Freundin, die mir die Möglichkeit zu einer beruflichen Wende gegeben hat; ein Arbeitskollege, der mir in seiner eigenen Art zu verstehen gab, dass er mich für einen wertvollen Menschen hält; ein Partner, der mich durch unterschiedliche Lebensphasen auf so vielen Ebenen unterstützt hat und sich nun seit über zwei Jahrzehnten an meiner Seite befindet, wodurch er mich maßgeblich im Entwickeln meines Verständnisses von Liebe beeinflusst hat.

Meine Begegnung mit Ursula gehört ebenfalls zu diesen schicksalhaften Begegnungen. Einst befand ich mich in einer Krise, ich wusste nicht, was mich erwarten würde, als ich mich für das Retreat im Buddhistischen Zentrum in Scheibbs anmeldete. Ich hatte kaum Erwartungen oder Hoffnungen – das ließ meine Verfassung nicht zu. Meine Motivation bestand wohl aus einer Flucht vor einem Alltag, der mir aus beruflicher Sicht nur noch eine Last war und mich gänzlich ausgelaugt hatte. Ich fand eine Frau, die mich spirituell maßgeblich inspiriert hat. Von den Meditationsmeister:innen der unterschiedlichen Traditionen des Buddhismus war ich stets fasziniert gewesen. Selbst auf eine Lehrerin zu treffen, die es vermag, fachliches Wissen mit Lebenserfahrung zu kombinieren und diese Weisheit zu vermitteln, wurde für mich zu einer außergewöhnlichen Erfahrung. Lange Zeit hatte ich stets allein Meditation praktiziert. Welche Bedeutung es hat, von einer versierten Lehrerin in der eigenen spirituellen Entwicklung begleitet zu werden, konnte ich erst im Laufe der folgenden Jahre begreifen. So besuchte ich zahlreiche Retreats und Veranstaltungen von Ursula. Und ich vermag kaum in Worte zu fassen, welchen Wert viele der persönlichen Unterweisungen für mich hatten (und bis zum heutigen Tag haben), die ich von Ursula erhalten habe. Der Austausch mit ihr ist für mich eine Quelle der Inspiration – auch dann, wenn wir inhaltlich einmal nicht einer Meinung sind.

Heute bin ich buddhistischer Religionslehrer. Schon relativ früh, fast am Beginn meiner Suche nach „meinem" spirituellen Weg in den 90er Jahren des letzten Jahrhunderts, hatte ich eine zufällige Begegnung mit dem Buddhismus. Allerdings musste ich danach viele Umwege nehmen, um letztlich wirklich beim Dhamma anzukommen. Ursula war mir hier ein unschätzbarer Wegweiser, denn sie hat mich schon Jahre vor meiner Ausbildung zum Religionslehrer autorisiert und motiviert, die Lehre weiterzugeben.

Begegnungen können wahre Geschenke sein. Tauchen diese Geschenke immer wieder im Laufe eines Lebens auf, bauen diese aufeinander auf und fügen sich zusammen wie Puzzlesteine, die letztlich gemeinsam ein großes Ganzes ergeben, das uns einen neuen Zugang zum Leben eröffnet, dann erweitert dies ein persönliches Verständnis für das, was wir im Buddhismus unter Inter-Sein verstehen. Möglicherweise ist jeder von uns für irgendjemanden da draußen ein solches Geschenk? Ursula ist es in jedem Fall für mich. Everything is connected.

Danke, Ursula! *Sabbe satta sukhita hontu*

Mag. Leopold König

Es muss so um 1981/82 gewesen sein, da sah ich im Oktopus, der buddhistischen Buchhandlung am Fleischmarkt, einen Aushang, dass im September eine Frau Ursula Lyon Yoga im buddhistischen Zentrum anbieten würde. Ich war begeistert, denn Yoga wollte ich immer schon machen. So konnte ich es kaum erwarten, dass sie endlich kam und war bestimmt auch unter den ersten ihrer Schülerinnen. Die erste Stunde überzeugte mich vollends, Ursula war nicht nur sympathisch, offen und freundlich, sie wusste auch gleich eine Gegenübung, wenn uns eine Yogaübung nicht guttat. Das erzeugte Vertrauen. Ich machte damals eine sehr schwere Zeit durch und da tat mir nicht nur der Yoga gut, sondern auch Ursulas liebevolle Zuwendung, ihre Offenheit und ihr Mitgefühl!

Im Sommer 1985 fuhr ich dann, zusammen mit anderen BuddhistInnen, nach Sri Lanka. Bhante Seelawansa Maha Thero war unser Reiseleiter. Ursula und ihr Mann Jesse waren auch dabei. Vier Wochen verbrachten wir in verschiedenen Klöstern und Einsiedeleien. Das vertiefte unser Verständnis für die Theravada-Lehre. Wenn man um vier Uhr früh aufsteht, nicht gerade munter, mit zerzausten Haaren und sich gemeinsam mit den anderen zur Meditation hinsetzt, schweißt das irgendwie zusammen. Auch der gemeinsame Yoga, zu dem Ursula immer wieder aufrief, auch wenn wir vielleicht gerade keine besondere Lust dazu hatten, trug dazu bei. So lernte ich sie besser kennen und wir hatten viele schöne und tiefe Gespräche. Wenn ich so darüber nachdenke, dann fällt mir der sehr frühe Morgen ein, wo wir von einer Einsiedelei aus einen Hügel bestiegen, um den Sonnenaufgang zu bewundern und dort, auf großen Felsen sitzend, zu meditieren. Ursula schaffte es auch, dass einige wenige von uns Frauen das Nonnenkloster der großen Theravada-Lehrerin, der Ehrw. Ayya Khema, auf der Nonneninsel Parrapuduwa besuchen und dort drei Tage verbringen durften. Eine absolute Ausnahme, denn normalerweise musste man sich auf einige Monate, wenn nicht Jahre, verpflichten. Jedenfalls sehr aufregend und ein prägendes spirituelles Erlebnis für mich.

Zurück in Wien begann Ursula im Theravadaraum Meditation anzubieten. Ich war eine ihrer Schülerinnen. Sie führte uns einfühlsam und achtsam durch die Meditation und hatte auch immer einige Worte aus der Lehre des Buddha für uns – Dhamma-Talk –, über die wir anschließend sprachen. Alles, was sie durch ihre Aufenthalte in den Klöstern Sri Lankas und auch in Deutschland lernte, teilte sie mit uns. Bei der monatlichen Vollmond-Puja, die Bhante Seelawansa leitete, sorgte sie im Anschluss für Tee und Kuchen. Miteinander rezitieren, essen und trinken, da lernt man sich besser kennen und das ist eine der vielen Stärken von Ursula, nämlich Menschen zusammenzubringen.

Etwa 1993 fragte mich Ursula, ob ich mir vorstellen könne, Kinder in buddhistischer Religion zu unterrichten. Sie unterrichtete zu dieser Zeit in der Vienna International School und es sollte Religionsunterricht für die öffentlichen Schulen eingerichtet werden. Mein Jüngster war gerade drei Jahre alt und ging noch nicht in den Kindergarten. Mit dieser Anfrage fühlte ich mich völlig überfordert. Ich hatte zwar ziemlich regelmäßig an den Meditationsabenden teilgenommen, auch einige Vorträge über die buddhistische Lehre gehört, viele Bücher gelesen, aber unterrichten? Ich war auch einige Male auf ein Retreat nach Scheibbs gefahren und hatte, wie schon erwähnt, 1985 an der Reise nach Sri Lanka teilgenommen.

Das waren aber alles keine Grundlagen, um Kinder zu unterrichten, dachte ich. Als ich außerdem erfuhr, dass es gar keine Ausbildung dafür gibt, sagte ich ab. Angespornt aber davon, dass Ursula mich überhaupt gefragt hatte, besorgte ich mir Bücher, die die Grundlagen der Lehre darlegten, denn bisher hatte ich eigentlich nur das gelesen, was mich gerade interessierte. Ein Jahr danach fand ich eine kleine Annonce in der Zeitschrift „Ursache & Wirkung“: Religionslehrer, Religionslehrerinnen wurden gesucht. Auf dem Weg ins buddhistische Zentrum am Fleischmarkt begegnete ich Ursula. „Ja, Ursula, für die Kleinen kann ich mir das vorstellen. Wenn du immer noch eine Lehrerin suchst, dann möchte es probieren.“ Und so wurde ich durch sie 1994 buddhistische Religionslehrerin. Ich begann im Herbst mit zwei Kindern meinen Unterricht für die Volksschule. Unterrichtsmaterial gab es damals keines und so musste ich mir alles selbst erarbeiten. In dieser Zeit bekam ich viel Unterstützung von Ursula: Lieder, kindgerechte buddhistische Texte, Meditationen, Spiele und vieles andere. An die erste Stunde kann ich mich noch sehr gut erinnern. Ich war sehr aufgeregt, aber die Kinder waren lieb und geduldig und schienen sich zu freuen, einfach in diesem schönen Tempelraum sein zu dürfen. Uns Buddhisten war es nämlich gestattet, in unseren eigenen Räumlichkeiten zu unterrichten, da wir mit den Kindern auch meditieren.

Obwohl mich mein spiritueller Weg auch zum koreanischen Zen-Buddhismus brachte, nahm ich immer wieder an Ursulas Meditationen teil und fuhr auch zu ihren Seminaren nach Scheibbs und vor allem nach Kirchberg in das katholische Nonnenkloster. Eine tolle Erfahrung, einige Tage in diesem Kloster zu verbringen. Einige Male lud sie mich dazu ein, bei der Urkundenübergabe aktiv dabei zu sein. Das ist eine Feier, wo Menschen, die sich offiziell zum Buddhismus bekennen, mit einer schönen Zeremonie ihre Urkunde überreicht wird. Die Wochenenden, die Ursula für Familien in Scheibbs gestaltete, waren sehr lustig und abwechslungsreich. Es war so schön, dass man in dieser bezaubernden Umgebung Buddhismus mit der ganzen Familie erfahren konnte. Das Singen, das Zeichnen, das Meditieren und all die anderen Aktivitäten! Ursula lud auch immer kreative Menschen ein, mit ihr zusammen dieses Wochenende zu gestalten. Wir liebten es! Unsere Kinder wollten immer wissen, wann wir denn wieder nach Scheibbs fahren würden.

Nachdem ich regelmäßig an Ursulas Fortbildungen teilnahm, bekam ich von ihr 2006 die Lehrbefugnis in der Theravada-Tradition. Als ich Ursula erzählte, dass ich Rituale abhalte, schenkte sie mir sofort ihr Buch „Rituale für das ganze Leben", auf das ich immer noch gerne zurückgreife. Überhaupt sind mir ihre Bücher eine große Stütze und Inspiration. Bis heute verbindet mich mit Ursula eine tiefe Freundschaft und Verbundenheit in den Wegen, die wir miteinander und auch voneinander entfernt gegangen sind.

Ich muss immer schmunzeln, wenn sie in ihren E-Mails unterschreibt mit: Deine alte Ursula! Sie ist meine Lehrerin, meine *Kalyanamitta*. Ich danke dir, Ursula!

Marina Jahn, ehem. Vizepräsidentin der Österreichischen Buddhistischen Religionsgesellschaft

Ursula Lyon ist eine außergewöhnliche Frau und hervorragende Meditationsmeisterin. Es ist ein großes persönliches Glück, sie bereits seit 15 Jahren zu kennen, im Rahmen meiner Tätigkeit im Sekretariat der Österreichischen Buddhistischen Religionsgesellschaft. Regelmäßig erscheint Ursula nach den Unterrichtsstunden ihrer meditativen Körperarbeit im ÖBR-Büro, stets gut gelaunt und einen hilfreichen Hinweis gebend. Das macht für mich die Größe und Besonderheit von Ursula aus. Ebenso sind ihre Weisheit und ihr Engagement für andere allumfassend.

Möge ihr Tun und Wirken große Inspiration für viele sein und das immer und immer wieder!

Martin Schaurhofer, Sekretär der Österreichischen Buddhistischen Religionsgesellschaft

Im Mai 2010 hatte ich meine letzte Chemotherapie endlich überstanden. Es war die Zeit gekommen, um wieder hinaus in die Welt zu gehen, und ich wusste, dass mehr Spiritualität mein Leben bereichern würde. Mit gerade mal 35 hat man viel vor. Ich wollte mich dem Buddhismus zuwenden oder zumindest einmal herausfinden, was denn das genau sei: Buddhismus … ?!? Also ging ich ins Internet und da tauchte ein Zwei-Wochen-Retreat in Spanien auf: „Yoga und Buddhistische Weisheitslehre“ mit Ursula Lyon. Die Dame wirkte auf dem Foto irgendwie vertrauenerweckend und ich dachte mir, dass sie aufgrund ihres Alters wohl wissen würde, wovon sie da spricht. Ursula war damals 82. Die Erfahrungen, die ich von nun an mit und wegen Ursula machte, beeinflussten meinen Lebensweg maßgeblich. Heute würde ich behaupten, sie ist genau eines jener Erleuchtungswesen, von denen sie immer spricht: eine Bodhisattva, auf diese Welt gekommen, um andere aus dem ewigen Kreislauf von Geburt und Tod zu befreien.

Jeder, der Ursula kennt, erinnert sich in noch so kleinen Momenten des Alltags an ihre Anweisungen und ebenso an ihre Zitate, die sie bei jeder passenden Gelegenheit auswendig aus dem Ärmel schüttelt. Und ganz besonders an ihre Worte der Liebenswürdigkeit, Empathie und Klarheit. Fast drei Jahre war es mir vergönnt, sie als Lehrerin im Buddhistischen Zentrum regelmäßig zu treffen, wo sie mich in Sampada-Yoga ausbildete. Seither sehen wir uns zumindest einmal im Jahr, um einige Tage miteinander zu meditieren. Jedes Mal bemerke ich einen weiteren Entwicklungsschritt in Richtung Gelassenheit und Güte in ihr. Wie kann es das geben?

Heute habe ich meinen 60-Stunden-Bürojob an den Nagel gehängt und arbeite als Lebensberaterin und Yogalehrerin. In meiner Praxis steht ein Foto von Ursula, wo sie mit weit geöffneten Armen lacht und einfach so ist, wie sie ist. Pure Energie. Es soll mich an all das Gute in der Welt erinnern und sie ist das Sinnbild dafür. Du bist mein Vorbild Ursula. Danke.

Martina Hums-Winter

Ursula und Scheibbs

Ursula und das Buddhistische Zentrum Scheibbs, das ist eine ganz besondere Verbindung. Eine Verbindung, die vor allem durch gegenseitige Treue, Anteilnahme und auch Beeinflussung geprägt ist. Die Grundlage wurde gelegt mit der Errichtung dieses ersten deutschsprachigen traditionsübergreifenden Praxisortes südlich von Hamburg vor fast fünfzig Jahren: 1975 wurde das Haus im Ortsteil Neustift erworben, ein romantischer, aber heruntergekommener „Bastlerhit". Und die Bezeichnung „Scheibbs" in buddhistischen Kreisen bezog sich seitdem auf den Ort der Praxis, der Lehre, den Verein. Ursula hatte mit „Scheibbs" zuerst Kontakt als Teilnehmerin in den Kursen von Ayya Khema, die dann ihre Lehrerin wurde. Das zog sich Ende der siebziger und Anfang der achtziger Jahre dahin. In den fünf Jahrzehnten seitdem wechselten die handelnden Personen in der Hausgemeinschaft, der Hausleitung, der vielen Unterrichtenden in einem stetigen Reigen. Ursula blieb. So wie mir, der ich Ende der siebziger Jahre den ersten Kontakt mit dem Haus hatte, ging es wohl auch Ursula – wir spürten unmittelbar eine ganz starke Zuneigung zu diesem Gebäude, dem Geruch der Gänge, der wunderbaren Umgebung, dem herben Charme.

Es gab nur wenige Dharma-Lehrende, die aus der gleichen Zeit ihre besondere Verbindung mit dem Haus und dem Unterfangen hatten und die alle im Verein auch eine wichtige Rolle spielten – Genro Koudela und Norman Rosenberg waren neben Ursula die wichtigsten. Selbstverständlich war damit auch die Übernahme wichtiger Funktionen im Verein verbunden. Ursula war und ist Mitglied des Vorstandes, sie war aus Verantwortungsbewusstsein – auch wenn ihr die administrativen

tiven Aufgaben nicht so liegen – auch für einige Jahre Obfrau. Jetzt ist Ursula die Letzte aus dieser Gründergeneration. In all den Jahren, seitdem sie den Dhamma hier lehrt, hat sie ihre Wertschätzung für diesen Ort tausenden von Kursteilnehmer-Innen weitervermittelt. Es macht einen großen Unterschied aus, ob man das Haus nur als „Austragungsstätte" für einen Kurs ansieht oder ob man mit so viel Herz damit verbunden ist. Seit 1989 leite ich als Geschäftsführer die Belange des Zentrums und Ursula ist mir und meiner Familie seitdem besonders verbunden, sogar irgendwie Teil der Familie. Nach allen Kursen gab es Dana für mich, meine Frau, die Buben.

Eine Begebenheit mit Ursula hat mich besonders inspiriert: Bei der Anfahrt zu einem Kurs mit dem eigenen Auto hatte Ursula wohl durch einen Vorfahrtfehler einen Unfall mit Totalschaden bei der Abfahrt von der Autobahn. Diese Art Fehler passieren uns allen – auch mit dem größten Bemühen wird die Übung der Achtsamkeit niemals perfekt sein. Aber wie man dann mit dem Fehler umgeht: Da zeigt sich die wahre Praxis. Ursula jedenfalls kam kurze Zeit später mit dem Taxi in Scheibbs an, in völliger Gemütsruhe, und erklärte, dass es jetzt Zeit wäre mit dem Autofahren aufzuhören, öffentlicher Verkehr sei eh besser. Das hat mir sehr gefallen und mich inspiriert. Und das fasst auch Ursulas Wesen sehr gut zusammen – nach dem Hinfallen: aufstehen, Krönchen richten, weitergehen … Vielleicht vereinen sich hier rheinisches Temperament, die Abhärtung der Kriegsgeneration, das Fehlen von jeglichem Selbstmitleid, der von Natur mitgegebene ganz eigene Charakter und die Lehre des Buddha zu der besonderen Mischung, der wir heute den liebevollen Namen „Ursula" geben.

Wir sind als Menschen, als Verein, als Sangha Ursula für

ihr Wesen und ihre Verbundenheit sehr dankbar und freuen uns sehr, dass wir gemeinsam mit ihr ihren 95sten Geburtstag feiern können. Und dass sie hoffentlich noch so lange wie möglich uns auch als Dhamma-Lehrende inspirieren wird.

Mathias Köhl
Leiter des Buddhistischen Zentrums Scheibbs

Ursula: Mentorin und Vorbild
Als ich vor etwa dreißig Jahren voller Zweifel das alte Haus am Fleischmarkt betrat, war ich eine Suchende. Das bin ich geblieben, auch wenn ich inzwischen über einen Kompass und einen Schatz voller Antworten für meinen Alltag verfüge. Angezogen hatte mich das Angebot im Buddhistischen Zentrum: „Yoga und Meditation“ mit Ursula Lyon. Ich dachte, ich finde eine Art meditativer Körperübungen, die den Schwerpunkt auf Wohlbefinden legt. Ich wurde nicht enttäuscht. Eine ältere Dame mit weißem Haar und offenem Blick, mit einem munteren Lächeln auf den Lippen, forderte die kleine Gruppe von Übenden auf, bewusst die sanften Bewegungen auszuführen. Welche Überraschung für mich, als sich am nächsten Tag ein Muskelkater bemerkbar machte! Ich war eher fit und trainiert, also, wie konnte das sein? Danach ging ich regelmäßig zu den Yogastunden … und ignorierte „gewissentlich“ die spirituellen Aspekte der Meditation. Es dauerte lange, bis der körperliche Muskelkater sich zu einem geistigen entwickelte und ich daraus lernte!

Ursula, in ihrer unendlichen menschlichen Wärme und ihrem Verständnis für unsere Schwierigkeiten, riet mir bei einem Retreat, wo ich wieder mit dem Sitzen „kämpfte" (was der falsche Zugang ist): „Na, dann geh hinaus, finde Deinen Weg draußen in der Natur!" Ja, das war eine der wesentlichen Erkenntnisse für mich: sich bemühen ja, aber nichts erzwingen wollen! Und seinen Weg selbst finden. Die Lehrer begleiten uns, zeigen die Richtung an, aber wir müssen selbst gehen. Ursula lud mich zu einer Supervisionsgruppe in der Biberstraße ein, wo ich Anregungen für meine damalige berufliche Praxis als Beraterin erhalten sollte. Wie viele kostbare Erfahrungen habe ich dort gemacht und wertvolle Erkenntnisse gewonnen, die mir helfen, mit einem Lächeln durch die Welt zu gehen!

Wir übten Buddhismus im Alltag, tauschten Erfahrungen in der Praxis aus und bereiteten Texte aus der Lehre vor, die gemeinsam interpretiert wurden. Kennzeichnend für diese Treffen war der liebevolle Umgang miteinander. Ursula legt immer großen Wert auf „Metta", diese Qualität des Mitgefühls und des Wohlwollens, auch gegenüber sich selbst: Lerne dich zu lieben, dir selbst zu verzeihen, lerne deine Zweifel, deine Angst und Wut zu verstehen und … sogar zu umarmen. Das letzte – noch unvollendete – Werk der unermüdlichen Schreiberin Ursula behandelt das Transformieren von negativen Gefühlen in … ja, in Liebe.

Aus jeder Yogastunde konnte ich persönlich etwas mitnehmen: eine wohltuende Körperübung, eine Erkenntnis, eine Freude, die ich mit anderen teilte, eine Bewältigung von Leiden oder Ungeduld und vieles mehr. Ich glaube, meine Umgebung hat auch von dieser langsamen Annäherung an Weisheit profitiert. Besonders geliebt habe ich die Sonntagsseminare, die ich sehr eifrig besuchte. Ursula hatte jedes Mal eine neue Methode bereit, um uns die Lehre greifbar zu machen: sie arbeitete mit Kastanien, mit Wollfäden, mit Kerzen und Wasser, das weitergereicht wurde, mit Bildern und Zeichnungen, mit Gesang und gelegentlich mit Tanz. Die Energie und Freude, die aus diesen Sonntagsvormittagen hervorgingen, sind mir noch immer präsent. Leider hat Ursula einen Großteil ihrer Unterlagen entsorgt, sodass mir nur noch meine eifrigen Mitschriften bleiben.

Apropos Schriften: Tiefe Kenntnisse über Lehre, Praxis und Umsetzung des Buddhismus gewann ich in der intensiven redaktionellen Zusammenarbeit mit Ursula. Ich hatte das unglaubliche Privileg, durch die gemeinsame Arbeit an Büchern sowie an den zahlreichen Manuskripten für die Seminare und Retreats eine sehr persönliche, ja, beinahe freundschaftliche Verbindung – bei allem Respekt – mit ihr aufzubauen. In einem angeregten Dialog nahm Ursula meine Änderungsvorschläge mit Güte und Anerkennung an, wofür ich ihr immens dankbar bin. Für Ursula ist es sehr wichtig, und ich vermute, dass ihre unermüdliche Energie dahin geht, ihr Wissen, ihre Weisheit weiterzugeben. Sie nannte das: die Entwicklung „ihrer spirituellen Kinder" zu fördern. Auch in der zweieinhalbjährigen Ausbildung zu Sampada-Yoga-LehrerInnen, die Ursula in Wien für eine kleine Gruppe von Praktizierenden abhielt, war das Ziel, für andere Hilfe zu leisten.

Ursula wird oft – zurecht – als „Grande Dame" des Buddhismus bezeichnet. Persönlich war mir lange nicht bewusst, mit welch einer tiefgründigen spirituellen Person ich es zu tun hatte. Ich habe sie so offen und lustig, freundlich, so NAH erlebt, dass mir das gar nicht so aufgefallen war. Natürlich habe ich ihre profunde Kenntnis der Lehre und der Pali-Sprache wahrgenommen, doch das war nicht im Vordergrund. Wie eine Mutter hat sie mich – und viele andere – mit dem Nektar der Weisheit gerade in der Art genährt, wie ich diese (als noch nicht Wissende) aufnehmen konnte. Wenn ich nun auf die dreißig Jahre mit Ursula zurückblicke, sehe ich mich als eines ihrer spirituellen Kinder. Was könnte es Wertvolleres und Schöneres geben?

Michèle Joerg-Ronceray

Notfälle tragen den Geist zu neuen Ufern. Notwendigkeit war es, die mich zu Ursula trug. Ich suchte nach einer sanften Schulung von Geist und Körper. Die fast doppelt so alte, erfrischende Ursula war es, mit der ich Neuland entdecken würde. Dies ist der Anfang eines Abenteuers, die heilsame Atmosphäre, in der ich mich in Freundschaft, Ruhe und Freiheit entfalten kann, das war gleich klar. Wie viele heilsame Zuwendungen mir von ihr seither zugutekamen! Das Feuer der Erkenntnis reicht sie unermüdlich weiter, trägt es zu allen, die sehen lernen möchten. Sie ist es, die zu mir kam.

Gehen, gehen. In tiefer Dankbarkeit gehen wir hellhörig versunken auf dem großen Weg ohne Tor.

Nina Heimbach

LICHT AUF UNSEREM WEG – Gedicht für Ursula

Ich weiß, du wirst es, so wie ich, niemals vergessen,
das erste Retreat von einer Woche,
als wir, uns damals noch nicht kennend,
bei Christopher und Christina in Scheibbs
die Achtsamkeit erleben durften.
Da wussten wir beide noch nicht,
dass auch wir einmal vorne sitzen würden.
Seit damals haben sich unsere Wege
vielfach gekreuzt und verbunden.

Mit Jesse, deinem Mann,
der leider viel zu früh hinüberging,
haben wir Buddhismus studiert und praktiziert
und aufgebaut in Austria.
Als ich nach meinen Jahren in Scheibbs
nach Deutschland ging und
den Verein „Buddhismus im Westen" gründete,
warst du sofort bereit, im Vorstand uns zu unterstützen.
Wer hätte damals gedacht,
dass du noch heute im Vorstand bist.
Im Waldhaus am Laacher See
warst du natürlich von Anfang an dabei.
Auch das ist ein Geschenk des Universums,
dass du dort weiterhin deine beliebten Kurse gibst.

Wie viele Pläne haben wir geschmiedet,
wie viele Erfahrungen ausgetauscht,
doch alles auf dem Boden der täglichen Lebenspraxis.
Du hast für zwölf Jahre deine Begleitung
und Ausbildung bei Ayya Khema gefunden,

ich hingegen bei Ruth Denison.
Doch beide haben wir von vielen anderen
wunderbaren Lehrer*innen profitiert.
Unser gemeinsames Fundament liegt
im ursprünglichen Buddhismus
und in den Reden und der Lehre des Buddha.

Den neuen „Waldhaus-Verlag“ hast du
durch deine Bücher möglich gemacht
und besonders war es eine große Freude,
an „Rituale für das ganze Leben“ und „Sampada Yoga“
ein wenig mitzuhelfen.
Du hast außerdem dein Yoga und ich
meine Körperübung als Praxis der Achtsamkeit.
Am meisten, so denke ich, lernen wir bis heute,
wenn wir vor einer Gruppe sitzen und lehren dürfen.

Dein ganzes Sein gibt mir bis heute ein Vorbild,
auch das höhere Alter gelassen anzunehmen.
Wunderbar, dass deine Schüler*innen und
deine Tochter Cristina deine Arbeit weiterführen.

Möge der Titel eines anderen geschätzten Buches von dir,
„Licht auf Deinem Weg“, uns weiter den Weg
in diesem Leben – und auch darüber hinaus –
erhellen, leiten und beschützen.

In Dankbarkeit und liebevoller Verbundenheit

Dr. Paul Köppler
Lehrer der Einsichtsmeditation nach der Lehre des Buddha, Autor und Gründer von Meditationszentren (Waldhaus am Laacher See)

Der Buddha-Dharma ist seit 2500 Jahren unterwegs in dieser Welt. Zu allen Zeiten hat er neue Richtungen, neue Interpretationen, hervorragende Lehrer und Lehrerinnen hervorgebracht. Auf dieser langen Reise kam die Lehre vor ca. 100 Jahren nach Europa und traf hier in Österreich auf eine Gruppe engagierter Menschen, zu denen neben Jesse Lyon, Dr. Walter Karwath, Genro Koudela, der aus Sri Lanka stammende buddhistische Mönch Seelawansa und vielen anderen auch eine Frau gehörte, Ursula Lyon. Das Hervorragende an ihr ist nicht die Stellung in dieser engagierten Gruppe, die sie hatte, auch nicht diese oder jene Handlung, sondern dass sie in besonders hohem Maße alles repräsentiert, was Buddhas Lehre ausmacht.

In dieser gibt es viele große Namen, viele herausragende Leistungen, viel Helles und leider gelegentlich auch Dunkles. Niemanden aber gibt es, zu dem uns Suchenden, uns Schülern und Schülerinnen des Dharma, so wenig Kritisierbares einfällt wie zu Ursula. Immer findet man, auch bei ganz großen Geistern, ein wenig Dünkel, Eitelkeit, etwas, von dem man sagen könnte, es könnte doch noch ein bisschen besser sein. All das gilt nicht für Ursula. Oft sagt man von hervorragenden Menschen, dass sie nicht eitel sind, doch Ursula ist dies wirklich nie. Oft hört man, dass jemand bescheiden ist, doch Ursula ist das restlos immer.

Ich finde es großartig, dass es Menschen wie Ursula gibt. Sie zeigt, was man mit buddhistischem Geistestraining erreichen kann. Sie ist eine ganz besondere Frau, völlig unprätentiös, einfach und klar – und so ein lebendiges Vorbild für uns alle.

Prof. Dr. Peter Riedl, ehem. Präsident der Österreichischen Buddhistischen Religionsgesellschaft, Gründer des buddhistischen Magazins Ursache \ Wirkung

Von Kirschen und liebender Güte

„Schreib bitte etwas Heiteres“, bat Ursula mich, als wir in einem Wiener Café saßen und über dieses Buch sprachen. In den vielen Jahren, die wir uns kennen, gab es viele solcher Situationen.

Eine meiner frühesten Erinnerungen an Ursula stammt aus dem Jahr 2000: Der Reiseveranstalter „Neue Wege“ bot eine Reise nach Jorox, nahe dem „Pueblo Blanco“, dem „weißen Dorf“ Alozaina in Andalusien an. Zwei Wochen verbrachten wir, sieben Frauen und Männer, mit Meditation, Yoga und gutem Essen in der „Molino del Rey“. Ein wunderschöner Ort, nahe den bewaldeten Bergen der „Sierra de las Nieves“ gelegen. Dorthin unternahmen wir eines Tages einen Ausflug. Unsere Mietwagen stellten wir auf einem kleinen Parkplatz ab und wanderten einige Stunden durch den Naturpark. Ich erinnere mich noch an die imposante Landschaft, die Stille und die beeindruckenden Greifvögel. Zurück am Parkplatz beschlossen wir, diesen wundervollen Tag in einem Café im nahe gelegenen Ort ausklingen zu lassen. Hans, der Yogalehrer, bestieg mit einer kleinen Gruppe bereits eines der beiden Autos und fuhr los.

Als ich die Türen des zweiten Autos öffnete, hörte ich einen Jauchzer und wandte mich um. Da stand Ursula: Sie strahlte über das ganze Gesicht, ihre Augen leuchteten – und sie zeigte auf zwei Kirschbäume, die pralle Früchte trugen. Wir hatten diese zuvor gar nicht wahrgenommen. Die Freude von Ursula lud uns ein, gemeinsam die Kirschen zu pflücken und direkt zu essen. Ein Fest für die Geschmacksknospen! Es waren nur noch unsere Geräusche des Genusses zu hören: mmmh, ah, lecker … wir erlebten Momente der reinen Wonne.

Nach einer Weile kam der Impuls von Ursula, nun Kirschen für diejenigen unserer Gruppe zu pflücken, die bereits losgefahren waren. Wir holten alles aus unseren Rucksäcken, was wir für den Transport der Früchte nutzen konnten. Im Ort angekommen erblickten wir Hans, der ungeduldig auf uns wartete. Wo wir denn jetzt herkämen, fragte er. Wir seien doch schon vor zwanzig Minuten verabredet gewesen. Daraufhin erzählten wir von den Kirschen und unserem Glück des Genusses, doch Hans blieb ärgerlich angesichts unserer Verspätung. Da schaute Ursula ihn sanft an, lächelte und sagte mit zarter Stimme: „Aber Hans, wir haben euch doch ganz viele Kirschen mitgebracht!" Hans wurde durch diese freundliche, liebenswürdige Art Ursulas sofort besänftigt und wir genossen die Kirschen zusammen. Ursulas unverstellte, offene Freude, immer bereit, den gegenwärtigen Augenblick, das HIER und JETZT zu einem Moment der Fülle und des lebendigen Lebens werden zu lassen und das Schöne in Liebe und Verbundenheit zu teilen – davon zeugt diese kleine Begebenheit.

In Ursula spüre ich eine spirituelle Tiefe, die Erfahrung von Leid verbunden mit Fröhlichkeit und Unbeschwertheit, außerdem eine herzliche Liebe in Verbindung mit der Leichtigkeit des Wohlwollens. Oft habe ich von Ursula gehört, die buddhistische Lehre sei eine herzerlösende Lehre. Gerade ihre Metta-Meditationen berühren mich sehr. Sie unterstützen mich darin, Angst, Abwehr und Muster, die mich geprägt haben, zu verabschieden, mich von Bedrückungen zu befreien und mehr und mehr die Qualitäten von Frieden, Freundschaft, Vertrauen, Verbundenheit und Wohlwollen zu entwickeln.

Ursula zeigt mir Entwicklungsmöglichkeiten – und ist mir damit eine kostbare, wichtige und edle Wegbegleiterin. Danke, liebe Ursula!

Regine Böttcher

Ich lernte Ursula in meiner Yogalehrerin-Ausbildung in Reichenau 2007 als Gastvortragende kennen und ich dachte auf Anhieb: was für eine kraftvolle Frau und Lehrerin! Ich durfte Ursula in weiteren Seminaren in Kirchberg und in der Sampada-Ausbildung erleben und schätze sie sehr als klar ausgerichtete und praxisbezogene Theravada-Buddhistin. Sie hat diese großartige Fähigkeit, komplexe Inhalte der buddhistischen Lehre verständlich zu erklären – dafür bin ich sehr dankbar –, sodass die Lehre für mich eine Anziehung entwickelte. Ursulas immenses Wissen, ihre Klarheit und Entschlossenheit macht sie für mich zur DOYENNE der buddhistischen Lehre im deutschsprachigen Raum. Im Unterricht ist sie nun im hohen Alter so präzise – ich habe das Gefühl, sie möchte ihr Wissen immer mehr vernetzend weitergeben, Gedankenkreise schließen und das Wesentliche, bereichert durch ihre Lebenserfahrung, klarmachen. Wer kann – für mich – die große Lehre besser vermitteln als Ursula Lyon!

Als Physiotherapeutin erlebte ich sie auch als Patientin – sie bleibt auch im Therapieteam besonders in Erinnerung. Als kreativer und dankbarer Mensch, sich einbringend und interessiert. Ins Licht strebend. Unterstützt von den guten Geistern, ihren Freundinnen und Freunden. Heute, mit über 90 Jahren, hat sie eine Spannkraft und Haltung, die davon zeugt, dass sie, was sie unterrichtet, auch selber übt und lebt. Ihre Disziplin ist unglaublich. Freude, Aufgabe und Ziel „keeps her going". Ich bin dankbar für ihre Offenheit für neue Ideen, Humor, verbindende Metta-Gedanken. Ihr heilsamer Weg ist mir ein Vorbild – in meiner buddhistischen Welt und als alterndem Menschen.

Licht vom Himmel
Licht für mein Herz
Licht für alle Wesen
Licht auf meinem Weg

Renata Richter-Trummer

Mein erstes Meditationsseminar
Frisch eingetroffen im Waldhaus harre ich neugierig und gespannt der Dinge, die da auf mich zukommen. Im Aufenthaltsraum sehe ich eine kleine, schmale, weißhaarige Frau und staune, dass sie in ihrem Alter auch noch an so einem Seminar teilnimmt. Sie schaut mich an, kommt mir entgegen, strahlt. Ich sehe mich instinktiv um, denke, da steht jemand hinter mir, den sie kennt. Nichts, da steht niemand – sie meint mich! Aber sie kennt mich doch gar nicht? Sie umarmt mich, ich spüre ihre echte Freude über mein Erscheinen, fühle mich willkommen … und zum ersten Mal „bade" ich in Ursulas unerschöpflicher Metta-Liebe.

Mein erstes Einzelgespräch
Ich habe noch nie in meinem Leben meditiert, komme mit dem Sitzen nicht zurecht, alles tut weh, ich werde immer verzweifelter. Ich verstehe: Mein Körper will mir sagen, dass das nichts ist für mich. Ich sollte wieder nach Hause fahren. So gehe ich in mein erstes Einzelgespräch mit Ursula in dem festen Vorsatz, mich zu verabschieden. Ursula schaut mich so mitfühlend an, dass ich in Tränen ausbreche. Ihr Vorschlag: Bleib noch einen Tag. Du bist überarbeitet. Wickle dich in warme Decken ein, lehne dich an die Wand und schau nur, dass der Kopf oben bleibt. Erhol dich erst mal – und mach Metta. Bei so viel Güte und Verständnis wage ich es nicht, ihr zu sagen, dass ich keine Ahnung habe, was Metta überhaupt ist. Hab ich doch schon mit dem Sitzen versagt, will ich mir nicht noch die zusätzliche Blöße der Unwissenheit geben. So denk ich mir, ich soll jetzt beten für all die Menschen, die es nötig haben. Darauf kann ich mich einlassen. Zu meinem Erstaunen geht's mir bald besser. Am nächsten Tag sehe ich die zahlreichen schön aufgerichteten Rücken vor mir, möchte es doch noch einmal probieren – und bin dabei geblieben.

Silvesterseminar, Waldhaus vor mehr als zwanzig Jahren: Die gemeinsame Silvesterfeier ist vorbei, wir treffen uns um Mitternacht vor dem Seminarhaus. Schnee liegt, es ist kalt. Ursula bittet uns, eine lange Schlange zu bilden, alle hintereinander. Die führt sie – Ursula immer vorneweg – mitten in den nahegelegenen Wald. Der Schnee liegt hoch, es ist stockdunkel, das Unterholz fordert achtsame Schritte ein. Ich denke: Wenn sie sich in ihrem Alter bloß nicht die Haxen bricht hier mitten im Gestrüpp. Da stimmt sie auch schon vergnügt an: „Gut, wo wir war'n, gut, wo wir hingeh'n … hey, hey, heya." Alle stimmen ein, im Wald hallt's wider – ich glaube, die Bäume haben auch mitgesungen. So geht es quer durch den Winterwald. Ergebnis: Alle sind mächtig fröhlich, keiner bricht sich die Beine, am allerwenigsten Ursula mit ihren 70 Jahren.

Motivation zum Sitzen
Ursula, Güte und Freude in Person – gelegentlich mit strengen Untertönen: Sie will uns in einem Vortrag erwärmen für das regelmäßige Sitzen zu Hause. Und eine ihrer Bemerkungen schlägt bei mir ein wie der Blitz: Ihr denkt ja auch nicht ständig darüber nach, ob ihr euch wascht, die Zähne putzt, ob ihr etwas esst oder ob ihr euch um euren Körper kümmert, wenn er schmerzt. Ihr esst regelmäßig, versorgt euren Körper, macht schöne Dinge, um euch wohlzufühlen. Und was macht ihr eigentlich für euren Geist? Wie kümmert ihr euch um den? Wie soll sich der erholen, entwickeln? Ich fühle mich ertappt, beschämt. Da hätte ich doch selber drauf kommen können. Sie hat recht, hab ich nie drüber nachgedacht! Das muss sich ändern (gesagt – getan).

Das Edle Schweigen
Schweigeseminar im Buddha-Haus – alle schweigen – bis auf zwei Personen. Die schwatzen munter daher. Irritationen: Haben die's nicht mitgekriegt, oder sind sie neu und wissen nichts vom Schweigen? Die Zeit vergeht, Unruhe und Ärger entstehen: Jetzt könnten sie's doch langsam gemerkt haben. Es wird sorglos weiter geschwatzt. Die Ersten bitten um Verständnis: Wir wollen doch schweigen – keine Reaktion. Weitere Teilnehmer sprechen sie an, die Stimmung wird gereizter. Jetzt müsste doch auch Ursula mal ein paar klärende Worte spre-

chen oder gar ein Machtwort – nichts. Das Schwatzen wird provokanter … So geht es die ganze Woche hindurch.

In der letzten Meditation vor Seminarende fordert Ursula alle Teilnehmer nacheinander auf, etwas zu sagen zum Thema: „Warum ist mir das Edle Schweigen wichtig?“ Ich bin überrascht, wie viele Gründe da zusammengetragen werden. Die beiden Geschwätzigen müssen sich (im Schweigen) alles mit anhören, jede einzelne Motivation. Kein Vorwurf, keine Zurechtweisung, einfach nur eine schlichte Aneinanderreihung von persönlichen Gründen. Bei der anschließenden traditionellen Fotosession hört man sie beschämt sagen: Wenn wir das gewusst hätten! Ein Lehrstück für alle Beteiligten.

Sieglinde Schneider

Ich habe Ursula vor neun Jahren kennen und schätzen gelernt. Die deutsche Sprache reicht nicht aus, um ihr Wesen, ihren Charakter und ihr Wirken zu beschreiben – aber versuchen möchte ich es: Wenn Empathie, Herzensweisheit, Güte, Disziplin, Humor und Lebensnähe einen Namen haben, ist dieser Name: Ursula Lyon. Sie ist, mit meinem Sohn, das Vorbild in meinem Leben, ihre Weisheiten, Tipps wie „Füße – Füße“ und ihre Herzensgüte der Anker im Alltag.

Sonja Miko,
Gründerin und Geschäftsführerin Indigourlaub

Ursula Lyon im Kloster Kirchberg

Da es bei uns immer wieder Veränderungen gab, kann ich gar nicht mehr ganz genau sagen, wann Ursula Lyon zum ersten Mal zu uns ins Kloster Kirchberg kam. Ich glaube, es war 2004 oder 2005. Immer brachte die damals schon nicht mehr ganz junge Ursula eine beachtliche Zahl an TeilnehmerInnen ins Haus. Zuerst einmal im Jahr, dann zweimal und seit Jahren bietet sie regelmäßig drei Kurse im Jahr an. Es sind immer schöne Begegnungen. Eine gesammelte, heitere, freundliche Atmosphäre herrscht dann im Haus. Auch wenn geschwiegen wird, hat man das Gefühl, einander kennen zu lernen und Kontakt zu haben. Man hat immer das Gefühl, das Haus wird von Gästen betreten und von Freunden verlassen.

Egal, ob Ursula eine Zeitlang mit einer Krebsdiagnose umgehen musste oder beide Arme gebrochen hatte, ob ihr das Alter Mühe macht und das Gehör nachlässt – sie nimmt alles mit großer Gelassenheit und Dankbarkeit an für das, was noch gut möglich ist. In all dem kann sie uns und ihren Kursteilnehmerinnen ein Vorbild sein. Wenn sie einmal wirklich keine Kurse mehr hält, wird sie uns sehr fehlen.

Sr. Angelika
Kloster Kirchberg

URSULA?!

Jeder in unserer Familie und im Freundeskreis kennt den Namen Ursula.

„Wart ihr wieder bei Ursula?“

Unsere beiden Kinder (heute beide über dreißig) waren noch klein, als wir ein buddhistisches Zentrum und Ursula entdeckten. Vorerst noch getrennt auf Retreats fahrend, konnten wir bald gemeinsam in die Stille gehen.

Mir als Mutter gab Ursulas Empfehlung „Freude an der Unvollkommenheit" viel Kraft und Humor im Alltag. Beide Kinder fanden als junge Erwachsene den Weg zum Buddhismus und zu – Ursula. Wir fuhren zu ihren Retreats in verschiedenen Familien-Konstellationen, zuletzt mit Enkel Oskar, noch im Bauch seiner Mama. Er ist nun drei Monate alt und besitzt schon eine Buddha-Statue – von Ursula.

Für uns ist sie eine spirituelle Lehrerin, Wegbegleiterin, Freundin, – einfach Ursula!

Susanne Urlesberger

Gedanken zu Ursula

Ich lernte Ursula im Dezember 2000 im Waldhaus kennen. Ich war anfangs etwas skeptisch. Insbesondere missfiel mir ihr Nicht-Einschreiten gegen die – wie ich meinte – Disziplinlosigkeit einiger Teilnehmender. Da war ich aus Zen- oder Vipassana-Retreats anderes gewohnt. Insbesondere ärgerte ich mich über die Personen, welche sich aus dem Nachmittagsprogramm ausklinkten und hektisch kreuz und quer durch meine Bahnen liefen oder am runden Tisch Tee tranken oder lasen, während ich im gleichen Raum Gehmeditation praktizierte. Ursula sagte zwar, dass so etwas nicht gut sei; jedoch hielten sich damals viele TeilnehmerInnen nicht daran. Es dauerte einige Zeit (und Seminare mit Ursula), bis ich erkannte, dass Ursulas entspannter Umgang mit der Disziplin eines Vipassana-Retreats zumindest für mich sehr heilsam war. Ich sah endlich meine eigene Verbohrtheit und wie mir starre Prinzipien das Leben und die Praxis schwer machten. So verstand ich, dass meine Praxis überhaupt nicht vom Verhalten der anderen abhängig sein muss. Was die anderen machen, ist nichts weniger als ein Ausdruck der Buntheit und Vielgestaltigkeit des Lebens, über die ich mich freuen darf.

Es war auch Ursula, die mir zu verstehen gab, dass ich mich nicht so quälen müsse, wenn mir während des Sitzens die Knie oder die Schulter wehtäten. Das war eine große Befreiung! Seither wähle ich die Position, in welcher ich gut meditieren kann. Ich erlebte, dass die Meditationserfahrung für mich umso tiefer wird, je weicher ich im Üben werde, dabei entspanne und mich wohl und am rechten Platz fühle. Das ist wunderbar. Weich-Werden und Entspannung stehen in keinerlei Gegensatz zu Disziplin beim Üben; sie lassen im Gegenteil Disziplin erst sinnvoll werden.

All dies lehrte mich Ursula, für mich eine Grande Dame der Meditation. Konsequent verbindet sie den spirituellen Weg des Buddhismus mit der unmittelbaren Alltagserfahrung.

Möge sie uns noch weitere Jahren begleiten.

Wilfried Rappenecker

Danksagung

Mein Dank gilt allen, die ihre Unterstützung anboten, um dieses Buch zu ermöglichen.

Aus tiefstem Herzen danke ich Ursula Lyon für ihre Bereitschaft, sich auf das Projekt einzulassen. Von Anfang an waren wir uns einig, dass es sich entwickeln und uns beiden Freude machen sollte. Tatsächlich hat es uns große Freude bereitet – und viel Arbeit. Die zahlreichen Streichungen, Nachträge, Korrekturen, die bei den verschiedenen Textversionen nötig wurden, die Fotoauswahl und etliches mehr – in all das hat Ursula viel Zeit und Energie gesteckt und mir ihre Geduld und Nachsicht zuteil werden lassen.

Das anfängliche Motto „Einfach machen“ entpuppte sich als riesige Herausforderung, vor der ich beinahe kapituliert hätte, zumal gesundheitliche Probleme dazwischenkamen. Aber die guten Kräfte, auf die auch Ursula immer vertraut, schickten mir liebe Menschen zu Hilfe. Sieglinde Schneider danke ich von ganzem Herzen dafür, wie großzügig sie ihre Zeit und Kraft zur Verfügung stellte, um mir nach der ersten Niederschrift der Gespräche mit feinem Gespür zu helfen, aus der Fülle des Materials die geeigneten Passagen auszuwählen. Sie erwies sich als unermüdliche Beraterin bei der Bearbeitung der verschiedenen Versionen des Manuskripts und wann immer mir der Mut sank, ermutigte sie mich nachdrücklich „dranzubleiben". Ohne ihre stete Unterstützung hätte ich vermutlich irgendwann aufgegeben. Eva David-Ballero bin ich dankbar für ihre kritische Durchsicht des Manuskripts, ihre Nachfragen und ihre wertvollen Hinweise zur Strukturierung. Cristina Lyon gebührt mein herzlicher Dank dafür, dass sie den Text gemeinsam mit mir durchging und bei der Auswahl der Fotos mithalf. Als Tochter, Schülerin und Weggefährtin von Ursula trug sie aus ihrer Sicht zum Gesamtbild bei. Ihr sind die Zeichnungen zur Veranschaulichung einiger Textstellen wie auch das schöne Bodhiblatt zu verdanken. Nina Heimbach sage ich von Herzen Dank, dass sie sich die Zeit nahm, das Manuskript gründlich zu überarbeiten.

Zahlreiche Weggefährtinnen und Weggefährten waren bereit, ihrer persönlichen Sicht auf Ursula Ausdruck zu geben – ihre Vielstimmigkeit prägt das klangvolle Konzert zu Ursulas Ehren.

Herzlichen Dank denjenigen, die Fotos zur Verfügung stellten. Bei deren Aufbereitung und Verarbeitung war Hilfe vonnöten. Klaus Rainer scannte in seiner Kopier- und Druckwerkstatt blauPAUSE in Wien die Fotos aus Ursulas Schatzkiste ein, Willi Müller machte diese und andere Fotos für den Druck verwertbar. Beiden danke ich sehr.

Gerhard Weißgrab, dem Präsidenten der Österreichischen Buddhistischen Religionsgesellschaft, danke ich herzlich für sein Vorwort und Bhante Dr. Seelawansa, dem die Familie Lyon in ganz besonderer Weise verbunden ist, bin ich dankbar für sein Geleitwort.

Ein großer Ansporn war die Zusage des Jhana Verlages, das Buch zu veröffentlichen. Dank sei derjenigen, die den endgültigen Buchtitel fand – leider ist nicht zu ermitteln, wer es war –, Bettina Lindenberg für die Gestaltung des Buchumschlags sowie Bärbel Wildgruber und Traudel Reiß für Lektorat und Korrektorat. Claudia Wildgruber danke ich sehr für die vielen gemeinsamen Überlegungen und die endgültige Realisierung des Projektes.

Die Begegnung mit all diesen Menschen und ihr Beitrag zur Verwirklichung des Buches ist ein großes Geschenk.

Marianne Merbeck-Khouri,
Aachen im Juli 2023

Bildnachweise

Seite 62, *Friedenspagode an der Donau*: Marianne Merbeck-Khouri

Seite 63, *Ursula und Rev. Masunaga an der Pagode*: Anna Frohn

Seite 66, *Purification of mind*: Ursula Lyon

Seite 83, *Christopher Titmuss*: Waldhaus am Laacher See, Buddhismus im Westen e.V.

Seite 91, *Ayya Khema*: Buddha-Haus e.V.

Seite 95, *Bhante Seelawansa, Ursula und Abt Pemasiri*: Aus dem Privatbesitz von Bhante Dr. Seelawansa

Seite 135, *Ursula am Laptop*: Marianne Merbeck-Khouri

Seite 135, 136, Y*oga mit Schwung, Der Tiger, Polsterübung*: Renata Richter-Trommer

Seite 148, *Licht vom Himmel*: aus „Singen mit Ursula"

Seite 152, *Sabbe satta sukhita hontu*: aus „Singen mit Ursula"

Seite 155, *Dhammachakra*: Marianne Merbeck-Khouri

Seite 156, *Buddha mit dem roten Faden*: Renata Richter-Trummer

Alle anderen Illustrationen: Cristina Lyon

Alle anderen Fotos: aus dem Privatbesitz von Ursula Lyon

Liste der Veröffentlichungen von Ursula Lyon

zu finden unter: **www.sampadasangha.com**

Bücher

Ursula Lyon: *Rituale für das ganze Leben* – Buddhistisch inspiriert, Waldhaus-Verlag (2. Auflage, 2011), ISBN 978-3-937660-03-5

Ursula Lyon: *Sampada-Yoga* – Ein Arbeitsbuch, Waldhaus-Verlag (2015), ISBN 978-3-937660-08-0

Ursula Lyon, Gerald Schinagl: *Licht auf deinem Weg*, Verlag Books on Demand (2016), ISBN 978-3-833494-35-2

Ekkehard Crisand, Ursula Lyon, Gerald Schinagl: *Anti-Stress-Training*, Verlag Recht und Wirtschaft (4. Auflage, 2009), ISBN 978-3-800573-37-0

Beiträge in Büchern

Ursula Lyon: Buddhismus. In: Brigitte Hantschk-Vavra, Christian Hantschk (Hrsg.), Religionen – Ein Friedensbuch. Verlag Ferdinand Berger & Söhne: 1996, S. 5-19, ISBN 3-85028-277-5

Ursula Lyon: Buddhismus staatlich anerkannt in Österreich. In: Verantwortung leben. Betrachtungen aus Wissenschaft und Religion. Festschrift zum Jubiläumsjahr 2023 – 40 Jahre staatliche Anerkennung des Buddhismus in Österreich. Österreichische Buddhistische Religionsgesellschaft (Hrsg.) 2023, S. 76, ISBN 978-3-902968-82-1

Broschüren

- 8 Wochen Praxis auf dem Edlen Achtfachen Pfad
- Chi-Atem
- Die letzten Wunder – Was ist Leben?
- Energie selbst lenken
- Frei durch Loslassen
- Singen mit Ursula

Audio

- *Sampada-Yoga:* Die Himmelsleiter – Der Regenbogen – Die Auster – Die Bärenreihe
- *Geführte Meditationen*
- *Singen mit Ursula*
- *Vorträge*

Videos auf YouTube *Ursula Lyon, die Buddha Oma*

- *Bett-Yoga für Morgenmuffel*
- *Was ist dein Geheimnis zum Glücklich-Sein?*
- und viele andere mehr

Web

Homepage von Ursula Lyon
Sampada – Der umfassende Weg
www.sampadasangha.com

Homepage von Ursula & Cristina Lyon
Raum für Ruhe und Kraft
www.ruhe-und-kraft.org

Weitere Titel im Jhana Verlag

100 Jahre Ayya Khema

Erinnerung an das Wesentliche

Vorträge von Ayya Khema

Broschur, 96 Seiten
ISBN 978-3-931274-69-6

Ayya Khema

Ich schenke euch mein Leben

Die Lebensgeschichte einer deutschen Buddhistin

Klappenbroschur, 240 Seiten,
mit zahlreichen Abbildungen
ISBN 978-3-931274-34-4

Ayya Khema

Ein Leben in Liebe und Weisheit

Begegnung mit einer Mystikerin

Hardcover, 144 Seiten
mit zahlreichen Farbabbildungen
ISBN 978-3-931274-38-2

Weitere Titel im Jhana Verlag

Leigh Brasington

Das Glück der Meditation

Wegweiser in die Jhanas

Klappenbroschur, 240 Seiten
ISBN 978-3-931274-66-5

Wilfried Reuter

Der Tod ist ganz ungefährlich

Buddhistische Hilfen im Umgang mit Alter, Krankheit, Tod

Klappenbroschur, 256 Seiten
ISBN 978-3-931274-45-0

Bhante Henepola Gunaratana

Reise zur Achtsamkeit

Die Autobiografie des Bhante G.

Klappenbroschur, 312 Seiten
ISBN 978-3-931274-43-6

Das Buddha-Haus ist ein buddhistisches Seminarzentrum und liegt etwa 130 km südwestlich von München in den Allgäuer Voralpen. Hier finden Meditationskurse für Anfänger und Geübte statt, die von erfahrenen Lehrenden geleitet werden, insbesondere von denen die in der Tradition von Ayya Khema lehren.

BUDDHA-HAUS

Meditations- und Studienzentrum e.V.

Uttenbühl 5 · 87466 Oy-Mittelberg

Tel. 08376/502 · Fax 08376/592

info@buddha-haus.de

www.buddha-haus.de oder www.jhanaverlag.de